모로 가도 모로코

모로 가도 모로코: 지리학자의 눈으로 바라보는 모로코

초판 1쇄 발행 2022년 8월 1일
지은이 이경한
펴낸이 김선기
펴낸곳 (주)푸른길
출판등록 1996년 4월 12일 제16-1292호
주소 (08377) 서울시 구로구 디지털로 33길 48 대륭포스트타워 7차 1008호
전화 02-523-2907, 6942-9570-2
팩스 02-523-2951
이메일 purungilbook@naver.com
홈페이지 www.purungil.co.kr
ISBN 978-89-6291-981-3 03930

모로 가도 모로코

지리학자의 눈으로 바라보는 모로코

이경한 지음

푸른길

봄꽃이 흐드러지게 필 즈음, 홀연히 별이 된 형에게

모로코로 가고 싶다.

메디나의 골목에서
모로코의 내면을 만나고 싶다.

모로코의 도시들을 촘촘히 여행한다.

카사블랑카,
라바트,
페스,
쉐프샤우엔, 그리고 탕헤르!

도시마다 지닌 원초적 모습을 만난다.

여행은 참 신기하다.
자신을, 자기의 삶을 기억하고 기념하게 한다.

난 다시,
또 하나의 여행을 준비한다.

……

첫 독자이자 검열자인 아내 고은진,
예쁜 책을 만들어 준 ㈜푸른길 편집부,
감사합니다.

2022년 7월 전주에서
이경한

나는 지금, 모로코로 간다

　우주의 기운을 가득 담아 지중해의 서쪽 끝이자 아프리카 대륙이 시작하는 모로코를 여행한다. 지브롤터 해협을 사이에 두고 유럽과 아프리카 대륙이 서로 입을 맞추는 곳에 모로코가 있다. 지중해와 대서양으로 나뉘는 곳에 위치한 모로코는 유럽으로 열린 창이자 유럽 문화와 이슬람 문화의 교차로이다. 모로코는 일상과 일탈의 경계에서 기꺼이 여행을 떠나려 하는 세상의 여행자를 부르고 있다.

　모로코는 아틀라스산맥을 기준으로 생명의 땅과 신의 땅으로 구분할 수 있다. 아틀라스산맥이 지중해로부터 불어오는 바람을 붙잡아 눈을 내리게 하면, 모로코의 서부에서는 눈이 녹은 물로 생명수를 얻어 농사를 짓고 도시를 건설하여 생활한다. 한편 아틀라스산맥 너머에는 사하라 사막이 있다. 그곳은 인간의 작은 욕망조차 헛되게 만드는 신의 공간이다.

　모로코는 자연환경과 종교를 바탕으로 한 문화 정체성과 국가 정체성을 가진 나라이다. 바다, 초원, 산맥, 사막, 만년설 등 다양한 자연 경관을 볼 수 있으며, 사람이 사는 곳곳마다 물길로 이어진 네트워크를 갖추어 독특한 삶의 양식을 피워 내고 있다. 모로코는 자신의 정체성을 메디나, 카스바, 리아드 등의 독특한 경관으로 드러내고 베르베르 원주민, 이슬람, 유럽 문화 등 서로 다른 문화들의 접변으로 문화의 혼종성을 잘 보여 준다. 그런 점에서 모로코는 자연환경만큼이나 다양한 역사적 배경을 가진 나라이다.

이곳에 있노라면 아잔 소리와 모스크, 그리고 미너렛 등의 이슬람 경관에 금방 친숙해질 수 있으며, 이슬람 문화와 건조기후 환경에서 비롯된 다양한 먹거리 또한 즐길 수 있다. 타진, 파스티야, 하리라 수프와 더불어 홉스라는 이름의 넉넉한 빵과 시나몬 향이 강한 커피, 모로코인들의 소울 음료인 민트 차는 모로코 여행에 향기를 더하여 여행자에게 소소한 행복을 선사한다.

모로코를 여행하는 내내 차창의 프리즘을 파고드는 독특하고 아름다운 경관들이 여행자의 시선을 사로잡으려 아우성을 친다. 찰나로 스치는 풍경에도 눈을 떼지 못하고 여행을 한다.

그대의 눈동자에 건배하고 싶은 도시, 카사블랑카를 여행한다. 비행기를 타고 마치 생텍쥐페리라도 된 것처럼 대서양 해변의 카사블랑카로 잠입하여 모로코 여행을 시작한다. 카사블랑카의 도심을 거닐면서 하얀 도시경관을 경험한다. 카사블랑카는 고대의 모습을 근간에 두고 근대를 넘어 현대의 모로코 속살을 천의 얼굴로 보여주고 있다.

다양한 문화와 역사가 공존하는 도시, 라바트로 여행한다. 모로코의 수도인 라바트에서 모로코의 자긍심을 목격한다. 이곳에서는 이슬람 문화, 베르베르 문화, 현대의 모로코를 경험할 수 있다. 구릿빛 황토로 빚은 건축물에서 모로코의 품위를, 강한 모로코를 건설한 모하메드 5세의 무덤에서 모로코의 지존을, 대서양을 응시하는 카스바 요새에서 모로코의 자주를 본다.

알록달록한 미로 도시, 페스를 여행한다. 가죽 염색장, 전통시장, 리아드, 공중 화덕 등 곳곳에서 모로코의 생활양식을 엿볼 수 있다. 마린 왕조 무덤에서 천의 얼굴을 가진 페스의 메디나를 보는 것만으로도 페스 여행은 성공적이다. 메디나에서 이슬람 신앙과 학문이 도시에 끼친 영향력을 몸소 실감한다. 그곳의 미로를 돌아다니며 인간이 가진 공간 지각 능력을 시험해 보는 것도 재미있을 것이다.

이어서 동화 같은 고산 도시, 쉐프샤우엔을 여행한다. 파란 나라의 질감을 가진 산간 도시를 스페인 모스크에서 바라보기만 해도 좋다. 메디나의 파란 골목길을 걸으면서 모로코 사람들의 질박한 삶을 생생하게 느낄 수 있다. 쉐프샤우엔의 골목길에서 주변의 소소한 것들에 눈길을 주며 유유자적 걸어 보길 바란다.

마지막으로 세계로 열린 도시, 탕헤르를 여행한다. 호기심을 가지고 메디나의 골목을 조심스럽게 걸어도 좋다. 탕헤르 문화의 원형질을 고스란히 간직한 메디나, 카스바의 골목 경관은 이국의 이슬람 문화를 경험하기에 충분하다. 탕헤르의 거리에서 고대를 넘어 근대에서 현대로 이어지는 모로코의 자화상을 목격할 수 있다.

모로코 여행은 다양성으로의 여행이다. 자연, 문화, 종교, 건축 등에서 펼쳐지는 다양성의 세계를 경험할 수 있다. 여행자가 현지인의 시선으로 모든 현상을 바라보기는 쉽지 않다. 하지만 자신의 선입견이나 편견을 넘어서서 모로코를 있는 그대로 경험하길 바란다. 모로코에서 만나는 다채로운 현상들은 오늘을 사는 우리에게 더 진지하고 힘차게 살아갈 길을 안내해 주고 있다.

난 지금, 모로 가도 모로코로 간다.

1장 ☆

그대의 눈동자에 건배하고 싶은 도시,
카사블랑카

Spain

Mediterranean Sea

Atlantic Ocean

Casablanca

Morocco

모로 가도 카사블랑카만 가면 된다

비행기가 네덜란드 암스테르담 공항을 이륙한 후 지중해를 넘어서 아프리카 대륙으로 접어들었다. 그리고 곧 모로코 카사블랑카의 모하메드 5세 국제공항에 착륙하였다. 초겨울의 공항은 번잡하지 않아서 출입국 심사대를 빠르게 통과할 수 있었다. 국제공항을 빠져나와 기차를 타고 카사블랑카의 도심에 자리한 카사 보야저Casa Voyageurs 역으로 향하였다. 기차역 플랫폼에서 광장으로 나오는 계단 위의 천장에는 색다른 문양들이 있다. 규칙적이면서 그 규칙을 섣불리 따라갈 수 없을 정도로 반복되는 문양들은 이곳이 아프리카의 이슬람 국가임을 보여 준다. 하얀색을 바탕으로 음각을 새겨 놓은 추상적인 이슬람 문양을 지나 카사블랑카로 들어선다. 광장 앞 도로에는 도시 트램의 궤도가 어지럽게 놓여 있고 정해진 시간마다 트램이 자기 궤도를 달리고 있다. 도로 주변에는 키 큰 종려나무가 오가는 트램을 내려다보고 있다.

1장 ★ 그대의 눈동자에 건배하고 싶은 도시, 카사블랑카

■ 카사 보야저 기차역 앞의 광장   ■ 카사 보야저 기차역 앞을 지나는 트램

어릴 적 모로코라는 나라보다 카사블랑카를 먼저 알았다. 카사블랑카를 처음 입에 오르내리게 한 것은 가수 최헌이다. 그가 허스키한 목소리로 들려준 노래 〈카사블랑카〉는 카사블랑카가 낭만의 도시라는 선입감을 갖게 하였다. 영화 〈카사블랑카〉를 보지 않은 사람조차도 그 노랫말이 들려주는 달달하지만 슬픈 사랑을 제대로 이해할 수 있을 정도였다. 그 노래를 들을 때만해도 카사블랑카를 아프리카 대륙의 도시가 아닌 유럽의 변방쯤에 놓인 도시로 생각하였다. 사실 카사블랑카가 어느 대륙에 있는가는 크게 개의치 않았다. 이미 그 도시는 마음속에 언젠가 가 보고 싶은 곳으로 자리하고 있었기 때문이다.

카사블랑카로 여행을 떠나기 전에 흑백 영화 〈카사블랑카〉를 수차례 보았다. 그리고 가수 최헌과 원곡 가수인 버티 히긴스Bertie Higgins가 부른 〈카사블랑카〉를 번갈아 듣다가 입으로 노래를 중얼거리곤 했다. 모로코의 대서양 해변에 자리한 카사블랑카를 아프리카 대륙 지도에서 여러 차례 찾아보았다. 북아프리카를 여행한다면 탕헤르와 함께 이곳 카사블랑카를 제일 먼저 여행하고 싶었다. 여행지는 늘 가 보고 싶은 데로 결정되기 마련이다. 그런 점에서 카사블랑카로의 여행은 나의 마음을 벅차게 하기 충분하다.

카사블랑카는 아름답지만 슬픈 '하얀 집'이다

카사블랑카는 대서양 해안에 위치한 도시이다. 해안 도시는 국가가 강할 때는 태평성대를 이룰 수 있으나 국가가 힘이 없을 때는 외적이 침입하기에 좋은 입지조건을 가지고 있다. 카사블 랑카는 이베리아반도의 강국인 포르투갈과 스페인이 대서양으로 눈길을 돌릴 때 이 국가들과 근접한 곳에 위치해 있어 외적에 쉽게 노출이 되었다. 1515년에 모로코의 해안으로 쳐들어온 포르투갈인들이 새로운 도시 안파Anfa를 건설하였으나 엄청난 지진으로 도시 전체가 파괴되었다. 이후, 1770년 모하메드 3세 벤 압달라Mohammed III ben Abdallah가 스페인의 도움을 받아서 도시 전체와 메디나를 현재와 같은 모습으로 재건하였다. 모로코는 스페인 사람들의 도시 재건을 위한 도움에 대한 화답으로 베르베르어로 '작은 언덕'이라는 뜻을 가진 안파를 스페인어인 카사블랑카Casablanca, 즉 '하얀 집'으로 개명하였다. 이 도시의 아랍어 지명은 '다르 엘 베이다Dar el Beida'이다. 이 또한 하얀 집이라는 뜻이다.

이후 1902년 프랑스의 지배를 받는 동안 카사블랑카에는 구도시인 메디나와 다른 신도시가 형성되었다. 프랑스는 국가

1572년의 카사블랑카 모습. 당시의 이름은 안파였다.

정체성과 민족 정체성이 강한 메디나를 강압적으로 지배하는 것보다는 상대적으로 신도시의 건설이 편리한 메디나 외곽에 식민 지배의 거점을 건설하였다. 프랑스는 카사블랑카에 방사형 도로 건설, 철도 건설, 프랑스와 유럽으로의 무역항구 및 항로 개발, 근대 건축물의 건설 등으로 도시의 개발을 꾀하면서 모로코의 식민 지배를 위한 근대 도시로서의 면모를 갖추었다. 프랑스가 만든 도시의 모습은 카사블랑카의 도로망이 잘 보여주고 있다. 그러나 이 모든 것은 모로코의 발전을 위한 것이 아니고, 모로코의 착취를 용이하도록 하려는 사회간접자본이다.

프랑스 식민지 정부는 자신들이 만든 도시를 스페인어인 카사블랑카로 부르기에는 식민 지배국가로서의 자존심이 상했을 것이다. 그래서 이 도시 이름을 하얀 집이라는 뜻의 프랑스어인 메종 블랑쉬Maison Blanche로 부르기도 하였다. 하지만 이미 수백 년 동안 입에 굳은 카사블랑카를 메종 블랑쉬로 대체하기에는 무리였다. 아마도 모로코인들의 프랑스 식민 지배에 대한 조용한 저항의 결과가 아닌가 싶다.

프랑스는 모로코를 효율적으로 지배하기 위하여 내륙의 수도인 페스에서 벗어나 대서양 연안에 여러 도시들을 건설하였다. 그리고 해안의 주요 도시를 잇는 철도와 내륙으로 이어지는 철도를 건설하였다. 그 중심에 놓인 대표적인 도시가 카사블랑카이다. 카사블랑카는 모로코의 제1도시이자 모로코의 상징 도시이다. 카사블랑카에는 카사 보야저와 카사 포트 기차역이 있다. 카사 보야저 역은 라바트, 탕헤르, 페스, 마라케시 등으로

■ 카사블랑카의 도로 풍경

이어지는 모로코 철도 교통이 시작하는 곳이다. 최근에는 탕헤르를 오가는 고속열차의 기점으로서 기능을 하고 있다.

카사블랑카는 사랑의 도시이다

카사블랑카는 사랑의 도시이다. 카사블랑카를 낭만적인 사랑으로 가득 찬 세계적인 도시로 만든 것은 다름 아닌 영화 〈카사블랑카〉이다. 제2차 세계대전 당시 프랑스 파리는 독일군에 점령을 당하였다. 독일의 나치를 피해 많은 유대인들이 프랑스 남부 도시인 마르세유로 몰려들었다. 당시 마르세유는 이탈리아의 도움으로 지중해 일대와 상대적으로 자유롭게 왕래를 할 수 있는 도시였다. 프랑스의 일부 난민들은 마르세유를 통하여 미국으로 들어가고자 하였다. 유명한 인류학자인 레비 스트로스도 마르세유 항구에서 브라질로 가는 통행증을 교부받아 프랑스를 탈출하였고 이후 연구자로서 미국으로 이주하였다.

영화 〈카사블랑카〉의 주인공도 프랑스 파리에서 마르세유로 떠나서 북아프리카 오랑으로, 다시 페스를 지나 카사블랑카로 접어들었다. 카사블랑카에는 새로운 희망의 땅인 미국으로 입국하고자 하는 난민들이 몰려들었다. 1942년 작품인 이 영화는 프랑스의 식민지인 카사블랑카에서 포르투갈 리스본으로 떠나 미국행을 하고자 하는 여정을 다루고 있다. 배우 험프리 보가트, 잉그리드 버그만, 폴 헌레이드, 클로드 레인스가 열연하고 만인의 연인 잉그리드 버그만의 미모가 빛나는 영화이다. 릭스 카페Rick's Cafe를 중심으로 연인들의 사랑이야기가 펼쳐진다. 전쟁 속에서도 사랑은 피어난다. 연인들은 전쟁보다 위대한 사랑을 한다. 사랑하는 사람의 눈동자를 바라보며 건배하는 모습은 애틋한 여운을 준다. 〈카사블랑카〉의 명대사인 'Here's looking at you. Kid!', 즉 '당신의 눈동자에 건배'는 세상의 연인들을 더욱 사랑에 빠지게 했다. 이 대사는 번역의 묘미를 보여 준다. 영

영화 〈카사블랑카〉 '당신의 눈동자에 건배' 장면

어보다 훨씬 더 매혹적이고 치명적인 대사로 번역되었다.

진정으로 사랑하는 사람을 해방시켜 줌으로써 더 큰 사랑을 얻는 방식의 사랑도 있다. 〈카사블랑카〉의 노래 가사는 그녀의 한숨조차도 품으면서 키스를 할 수 있다고 말한다. 영화의 배경음악인 재즈 〈시간이 흘러도As time goes by〉의 가사는 사랑꾼의 연가를 절절하게 보여 주고 있다. 〈카사블랑카〉의 연인들은 달달한 사랑을 한다. 사랑하는 사람을 위해서 목숨도 건다. 극단적인 상황에서도 사랑하는 자를 먼저 구한다. 이것이 사랑의 힘이다.

영화만큼이나 유행했던 노래가 〈카사블랑카〉이다. 우리나라에서는 가수 최헌이 불러서 인기가요가 되었다. 원곡의 가수인 버티 히긴스가 부르는 〈카사블랑카〉는 허스키한 목소리로 사랑을 속삭인다. 최헌과 버티 히긴스의 목소리가 너무도 닮아 있다. 팝송 〈카사블랑카〉는 우리나라와 세계 여러 나라에서 아름답고 슬픈 사랑의 연가가 되었다. 그리고 영화와 팝송으로 카사블랑카는 사랑의 도시가 되었다. 1942년, 제2차 세계대전으로 온 세상이 죽고 죽이는 절박한 상황에서도 〈카사블랑카〉는 세상에 사랑을 전해 주었다. 그리고 이 영화는 최근까지도 TV에서 방영될 정도로 생명력이 있다. 흑백 영화이지만 사랑이 있기에 컬러풀한 영화보다 더 진한 감동과 긴 여운을 가져다준다.

〈카사블랑카〉의 배경은 모로코의 카사블랑카이지만, 영화

촬영은 미국 스튜디오 안에서 이루어졌다. 제목이 주는 도시의 장소성은 있지만, 영화 속에는 카사블랑카의 장소성이 존재하지 않는다. 그 흔한 카사블랑카의 구시가지인 메디나, 항구, 도심 거리도 나오지 않는다. 영화 속에는 많은 장소 경관이 소개되기 마련인데, 이 영화에는 장소가 없다. 영화의 핵심적인 장소인 릭스 카페마저도 카사블랑카에 없다. 그러나 영화의 제목만으로도 카사블랑카라는 장소 이미지를 각인시키는 데 충분한 역할을 수행하고도 남았다.

〈카사블랑카〉에서처럼 어느 곳으로 떠나고 싶은 사람들은 지금도 존재한다. 카사블랑카를 통하여 미국으로 들어가 새로운 미래에서 살고 싶은 난민들이 이 도시로 몰려들었다. 유럽 대륙에서 독일 나치의 살육이 극에 달할 때 아프리카는 수많은 난민들을 아메리카로 인도하는 새로운 창구가 되었다. 지금 내전을 겪고 있는 중동의 정세도 북아프리카와 서아시아의 민중들을 유럽으로 떠나게 하고 있다. 북아프리카와 서아시아의 민중들은 스스로 난민이 되어 새로운 땅으로 이동하려 하고, 시리아 난민은 보트를 이용하여 지중해를 건너 유럽으로 가고자 한다. 북아프리카의 모로코 사람들은 모로코 안의 스페인령인 세우타Ceuta로 향한다. 세우타는 모로코에서 지중해를 건너지 않고 유럽의 스페인으로 가장 짧게 진입할 수 있는 곳이다. 모로코에서 세우타로의 진입은 눈앞에 보이는 이베리아반도로 발을

딛는 것을 의미한다. 사람들은 그곳에서 난민 지위를 획득하여 실낱같은 소망을 가진 삶을 살아가고자 한다. 제2차 세계대전 당시에는 카사블랑카를 통하여 미국으로 가려고 했다면, 지금은 모로코의 세우타가 유럽으로 들어가는 불법과 적법의 관문이 되었다고 할 수 있다.

카사블랑카의 도심은 회색 도시이다

카사 보야저 역의 광장에는 트램이 다닌다. 키 큰 야자수나무가 주변의 건물과 경쟁하듯 가로수로 우뚝 서 있다. 트램 정류장 주변에는 작은 공원이 있다. 아침 일찍 서둘러서 카사블랑카의 도심을 여행하기 위하여 길을 나섰다. 광장 주변에는 택시가 분주히 다니고 빨간색으로 치장한 트램이 일정한 간격을 두고 오간다. 서둘러 길을 나섰지만 출근시간이어서 거리가 분주하다. 이동시간을 아끼고자 오가는 택시에 눈길을 주면서 빈 택시를 찾았다. 그러나 출근길에 빈 택시를 잡기란 쉽지 않은 일이었다. 여행자가 도시의 출근자와 같은 시간에 길을 나선 것이 문제였다. 그래도 분주한 카사블랑카 시민들의 삶을 엿본 것으로도 충분히 만족스러웠다. 길에서 다양한 얼굴을 가진 사람들을 만났다. 그들은 저마다의 생활양식을 가지고 이곳에서 살아가고 있을 것이다.

택시를 타려고 하니 낯선 여행자를 금방 알아본 택시기사가 5유로에 태워 주겠다고 호객을 한다. 그러나 이 도시의 교통비를 모르지 않으니 비싼 요금에 응할 수는 없었다, 모로코 카사블랑카의 시민들이 동양인 여행자에게 호의를 베푼다. 비싼 택시를 왜 타냐고 하면서 택시비보다 훨씬 가격이 싼 트램을 타라고 친절하게 권한다. 여행의 행선지인 시계탑Old Clock Tower으로 가기 위해서는 유엔 광장United Nations Square 정류장에서 내리라고 친절하게 알려 준다. 아침부터 내리는 비로 트램 정류장에서 승차권을 구입하는 것도 만만치 않았다. 승차권 판매기는 동전만 사용할 수 있는 데다가 구매하는 데 시간이 많이 걸려 불편했다. 더욱이 출근시간대여서 승차권 판매기 앞에는 사람들이 장사진을 이루고 있다. 그 문제를 해결하기 위하여 판매기 옆에서 트램 회사의 직원이 승차권을 팔고 있다. 트램 승차권을 8디르함을 지불하고 샀다. 정말 트램 안은 북새통이었다. 사람들을 밀치고서 가까스로 유엔 광장에서 하차한 후 본격적인 카사블랑카의 도심 여행을 시작하였다.

노면의 철도를 따라서 카사블랑카의 도심을 소리 없이 구불구불 달려 도착한 유엔 광장은 이곳 카사블랑카가 모로코의 제

1도시임을 실감하게 해 주었다. 넓은 도로와 높은 빌딩이 먼저 여행자를 맞이했다. 도심의 색깔은 전반적으로 하얀색을 띠었고 하얀 건물들은 세월의 흔적으로 회색으로 변해 있다. 흰색이나 회색의 건축물은 시간의 흐름과 함께 색이 바래지고 먼지가 쌓여 남루해 보였다. 도시의 전반적인 색감이 회색빛이어서 도심의 건축물이 더욱 오래되고 낡은 경관처럼 보였다. 비가 내려 인도는 빗물로, 도로는 비를 머금은 묵은 먼지로 더욱 흐려 보인다. 하지만 도시의 색깔이 회색이고 건축물 경관이 조금 낡았을지라도, 이것이 카사블랑카가 가진 도시의 매력을 퇴색시킬 수는 없었다. 카사블랑카라는 도시 자체가 여행자를 걷고 싶게 하고, 호기심을 안고 경험하고 싶게 하는 것들로 가득하기 때문이다. 유엔 광장 앞에 선 여행자의 발걸음이 부지런해진다. 카사블랑카를 관조하고자 하는 여행자는 좌우로 그리고 위아래로 시선을 주면서 가벼운 발걸음으로 유유자적 도시를 활보해 본다.

지금의 카사블랑카 도심 경관은 거의 대부분 프랑스 식민지 정부가 개발한 것이다. 카사블랑카 도심의 여행은 프랑스 지배 시기의 식민 경관을 여행한다고 해도 과언이 아니다. 프랑스는 카사블랑카의 메디나를 목전에 두고서 신도시를 건설하였다. 모로코에서 프랑스의 착취가 얼마나 치밀하고 체계적으로 이루어졌는가를 확인할 수 있는 곳이다. 메디나처럼 좁고 굴곡진 도로에서 벗어나 유럽의 근대거리로 전환을 가져왔다. 식민 시기에 넓은 도로가 건설되고 많은 길이 항구로 이어진 것은 현지에서 착취한 재화의 이동 시간을 단축하고 비용을 감축하기 위함이었다. 식민 지배국인 프랑스는 근대화라는 이름으로 모로코에서 착취와 수탈의 구조를 구축하였다.

도시의 도로는 건물보다 앞서서 태어난다. 동서양을 막론하고 계획 도시는 도로망을 먼저 설계하고 도로를 건설한다. 격자형, 방사형 등의 도로망 구조가 대표적인 사례이다. 이처럼 도

■ 도심의 트램

로가 건물을 품으면서 계획 도시가 출발하였다. 도시의 발전과 함께 높은 건물들이 도로를 따라 건설되면서 도로는 상대적으로 왜소해진다. 대로를 따라서 대형 건물을 짓고, 근대화의 상징인 호텔, 은행, 극장, 상가, 백화점, 회사 건물 등이 들어선다. 자본가들이 식민지 정부를 등에 업고 착취와 수탈로 이윤을 추구하기 위해 지배자와 함께 식민 도시로 몰려온다. 수탈 자본가는 식민지 정부를 앞세워 국익이라는 이름으로 합법적으로 그러나 피식민지 입장에서는 불법적으로 사익을 챙긴다.

카사블랑카의 도로가 사통팔달로 이어진다. 도심에는 대통령 거리가 있고, 도로 위에는 트램의 노면 철도가 일정한 간격으로 어지럽게 이어지고 있다. 도로의 중앙 분리대 안에 두 줄로 서 있는 대추야자나무가 삭막한 도심의 생명수처럼 보인다. 키 큰 대추야자와 함께 도로를 접하고 있는 메디나 관문의 바로 앞에 유엔 광장이 있다. 유엔 광장은 카사블랑카 도시 여행의 출발점이다. 보통 이곳에 모여서 도심 투어를 한다. 이 광장은 버스, 트램, 택시 등이 가장 빈번하게 운행되어 접근성이 좋고, 카사블랑카 도심의 스카이라인을 목격하기에 좋은 장소이다. 유엔 광장의 원래 이름은 1908년 시계탑을 건설할 당시에는 시계탑 광장이었고, 다음으로 프랑스 주둔군 대장인 위베르 리요테Hubert Lyautey의 지시로 프랑스의 건축가와 도시 계획가들이 광장과 그 주변을 설계 건설한 후에는 프랑스 광장Place de

France으로 불렸다. 도심 안의 작은 유엔 광장은 장소의 정체성을 지구본 조형물로 보여 주고 있다. 지구의 절반을 구상한 지구본 모형은 1975년 장-프랑수아 제바코Jean-François Zevaco라는 건축가가 설계한 것이며, 그 이후에 이곳이 유엔 광장으로 불리게 된 것으로 보인다. 유엔 광장에는 길거리 공연을 하는 사람들이 있다. 왠지 버티 히긴스의 〈카사블랑카〉가 들려올 듯하다. 광장이 보이는 카페의 야외 테라스에서 허리를 의자에 깊게 묻고, 오가는 사람들을 보며 진한 모로코 커피나 민트 티를

■ 유엔 광장 주변의 도심 경관

31

마셔도 좋겠다.

유엔 광장 건너편에는 메디나의 담벽이 있다. 메디나란 '도시'를 뜻하는 말로, 이슬람 지역의 구시가지를 의미한다. 메디나의 담벽 옆에 놓인 지하보도 입구에는 시계탑이 있다. 20미터 높이의 시계탑은 옆면은 옅은 갈색으로, 그리고 테두리는 고동색으로 치장되어 있다. 시계탑은 1908년에 설치되었으나 1948년에 무너졌고, 1993년에 원형에 가깝게 복원되었다. 과거에는 사람들에게 시간을 알려 주었고, 이제는 도심의 랜드마크로서 만남의 장소가 되었다. 이곳 아래에서 서성이는 사람들을 본다. 그들이 누구를 기다리고 있는지 묻고 싶은 충동이 인다. 시간과 시간을 이어 주듯, 사람과 사람을 이어 준다. 그리고 시계탑은 카사블랑카의 구도심과 신도심을 이어 주는 역할도 한다.

시계탑의 안쪽에는 메디나가 있다. 여느 메디나와 마찬가지로, 이곳도 좁은 골목에 상가들이 즐비하다. 사람과 물건으로 북적이는 곳이다. 이런 곳에서는 안전이 최고이다. 메디나의 골목을 너무 깊숙이 들어갈 필요도 없다. 꼭 사야 할 물건이 없다면 가벼운 마음으로 메디나의 풍경을 잠깐 둘러보는 것도 지혜로운 여행이다. 모로코의 도시 몇 곳을 다녀 보면 비슷한 기능과 경관을 가진 메디나는 금방 여행지로서의 매력을 잃곤 한다. 카사블랑카에서는 근대 도시로서의 경관 여행을 권하고 싶다.

카사블랑카의 도심에서는 100년이 넘은 건물들을 쉽게 찾

■ 시계탑과 메디나의 담

아볼 수 있다. 메디나의 시계탑 건너편에 엑셀시어 호텔Hotel Excelsior 건물이 웅장한 자태를 보인다. 하얀 벽면에 오렌지색의 테두리 장식이 눈길을 끈다. 이 호텔은 1915년에 건축되어 오늘에 이르고 있다. 프랑스 식민지 시대에 건설된 이 호텔에 대한 인상은 별로 달갑지 않게 다가온다. 식민지의 지배 권력자와 이들을 돕기 위해 매국도 마다하지 않던 자들이 자꾸 생각난다. 이 호텔은 카사블랑카에서 각종 사교와 로비 장소로서의 역할을 충실히 하였고, 이곳을 찾는 사람들에게 잠자리를 제공하였다. 엑셀시어 호텔은 100년이 넘는 시간 동안 같은 자리에서 모로코의 영욕을 웅장한 자태로 증언하고 있다.

엑셀시어 호텔에서 남쪽으로 잠깐 걸으면 모하메드 5세 거리Mohammed V Boulevard가 나온다. 도로 양쪽에는 자동차가 주차되어 있고, 건축물이 빼곡하게 들어서 있다. 도로를 따라서 만들어 놓은 건물의 회랑은 거리를 오가는 사람들에게 햇빛과 비를 피할 수 있는 공간을 제공해 준다. 거리의 회랑에는 오래된 서점, 통신사 대리점 등이 보인다. 1920년에 지어진 거리의 건물들은 세월의 연륜을 보여 준다. 건물 사이로 들어선 도로 위에는 녹색과 적색의 트램들이 번갈아 오가고 있다.

모하메드 5세 거리의 건물들은 1층의 일부를 회랑으로 만들어서 공적 공간으로 내어 준다. 회랑에서 사적 공간과 공적 공간이 이어진다. 회랑의 높이는 일반 건물의 층고보다 훨씬 높

다. 높은 층고를 가진 회랑은 자연채광을 많이 받아서 공간을 밝아 보이게 한다. 회랑에는 오가는 사람들이 많다. 아라비아 상인의 유전인자를 가진 모로코인들이 이곳을 그냥 내버려 둘 리가 없다. 회랑에는 길거리 서점들이 들어서 있다. 회랑의 길 위에 책을 내어놓은 곳도 있고, 벽면에 책꽂이를 두고서 책을 진열한 곳도 있다. 이곳에서 파는 책은 대부분 헌책이다. 프랑스어와 아랍어로 쓰인 책을 읽기에는 언어의 한계가 있었지만, 눈치껏 책의 제목을 보니 도스토옙스키의 책, 해리포터 시리즈, 이슬람 철학서 등이 보인다. 그나마 파울로 코엘료의 『순례자』라는 영어 소설책이 반갑게 눈에 들어왔다. 회랑에 내놓은 책은 현지인들이 좋아하거나 유명세를 가진 것들이다. 진열된 책들 사이로 옛날 『선데이 서울』과 같은 빨간 책도 보인다. 회랑에 서점들이 길을 따라 몰려 있는 건 집적의 이익을 창출하기 위함일 게다. 아직도 헌책에 대한 수요가 있어서 길거리 서점을 운영할 수 있을 것이다. 하지만 아라비아 상인의 후예답지 않게 주인은 어디에 있는지 보이지 않았다. 아마도 장사의 고수임에 틀림없다. 주인은 내가 책을 사지 않을 것임을 알고 있는 듯하다.

카사블랑카의 도심 거리에서 만난 헌책은 과거의 추억을 소환하기에 충분하였다. 전주의 홍지서림이라는 로컬 서점 주변에는 헌책방이 몰려 있었다. 그곳은 서점, 서림, 문고 등의 칭호를 제대로 갖지 못한 채 헌책방으로 불리었다. 가난했던 시절

헌책방에서 『수학의 정석』, 『성문종합영어』, 『삼중당 문고』 등의 참고서를 사 보던 기억이 난다. 헌책방에서 구입한 책에는 밑줄이 그어져 있었다. 헌책은 먼저 본 사람이 줄을 그어 놓은 경우가 많다. 나중에 헌책을 산 사람은 지적 탐구와 소신을 가지고서 책을 읽어 내기보다는 이름 모를 누군가가 그은 줄을 본능적으로 따라 읽는다. 책방 한쪽 구석에서 주인의 눈을 피해서 읽던 무협지는 나를 소림사의 협객으로 만들기도 했다. 물론 무협지는 다 읽을 필요가 없다. 무림의 고수들이 진검승부를 하는 장면이나 협객들의 연애를 다룬 부분은 이미 책에 손때가 묻어

■ 도심 회랑과 길거리 서점

있기 때문이다. 주인의 시선을 피해서 읽는 데는 이만한 독서법이 없었다. 성문종합영어든 무협지든 10대 시절에 헌책방에서 사거나 읽은 책이 지적 사고의 자양분이 되었음은 틀림없다. 헌책방에서 구한 책을 읽으면서 경험하던 지적 희열이 새 책을 갈망하면서 욕구불만으로 변하기도 했다.

모로코 카사블랑카의 길거리에 놓인 책에 시선을 주면서 여행자는 다시 발걸음을 옮겨 도심의 건물 사이를 배회한다. 건물 사이의 상가에는 작은 식당들도 있다. 이제는 낡고 오래된 도시의 경관을 이국적으로 바라보곤 한다. 유년의 추억들을 소환하는 장소와 경관을 가진 카사블랑카의 도심을 이국적인 경관으로 바라보고 있다. 여행을 하면서 기억 속의 경험 소환과 타자로서 경관의 관조라는 양면이 잇대어서 다가오고 다시 사라져 간다.

모하메드 5세 거리에서 타하르 셉티Rue Tahar Septi 거리를 만나면, 건물 사이로 리알토 극장Cinema Rialto이 보인다. 붉은 선과 연노란색의 건물이 이색적이다. 붉은 색의 건물명도 눈에 잘 띈다. 리알토라는 간판은 이곳이 극장임을 굵은 글자로 사람들에게 알려 주고 있다. 건물의 건축양식은 20세기 초에 유행하였던 입체파cubism의 영향을 받은 아르 데코art deco 양식이다. 아르 데코 양식은 1920~1930년대의 디자인 운동으로서 과감한 윤곽, 직선, 플라스틱 등의 신소재를 사용하는 특징이 있다. 리알토 극장 정면의 붉은 색을 띤 사각형 디자인이 강한 인상과 군더더기 없는 과감한 단순미 등을 보여 준다. 주로 공연, 영화 상영 등과 같은 문화공간으로서 기능하는 리알토 극장 건물의 벽면에는 아랍국제영화제의 포스터가 걸려 있다. 포스터는 카사블랑카가 아랍 문화권에 속한 곳임을 보여 준다. 모로코가 북아프리카의 일원이며 이슬람교를 주로 믿고 있다는 국가 정체성과 문화 정체성을 확인시켜 준다.

카사블랑카의 도심에는 극장, 술집, 사무실, 호텔, 약국, 여행사, 레스토랑, 은행, 카페, 안경점, 아이스크림 가게, 핸드폰 가게 등이 있다. 일상생활을 편리하고 즐겁게 해 주는 서비스업

■ 리알토 극장과 거리 모습

종이 주종을 형성하고 있다. 도심의 작은 카페, 서점, 술집, 호텔, 레스토랑, 아이스크림 가게, 극장 등의 장소에서는 사람들이 쉼을 얻고 수다를 떨면서 동네 정치가 펼쳐졌을 것이다. 또한 도심의 사무실, 약국, 여행사, 은행, 안경점, 핸드폰 가게 등은 누군가의 일터이다. 카사블랑카의 도심은 여느 도시와 마찬가지로 일과 쉼과 놂이 서로가 중심이라고 다투면서 공존하고 있다. 도심의 모하메드 5세 거리에서 건물 밖에 걸려 있는 수많은 간판들을 보면서 카사블랑카 서비스업의 현주소를 확인해 본다. 다소 오래된 상가건물, 고층건물들로 이루어진 도심 경관에서 뿜어 나오는 삶의 무게를 본다. 사람 사는 곳에서 삶의 무게는 경중을 따지기가 어렵다는 점을 희미한 형광등 빛으로 확인하면서 도심을 걷는다.

카사블랑카에는 생텍쥐페리가 있다

카사블랑카 모하메드 5세 거리의 모하메드 알 쿼리Mohammed Al Quorri에 있는 잔닷Zandat 건물 1층에는 붉은 차양을 한 프티 푸세Petit Poucet 레스토랑이 있다. 프티 푸세는 '어린 아이'라는 뜻이다. 1층 회랑에는 길거리 방향으로 탁자와 의자가 배치되어 있다. 카페 안으로 들어가면 카페의 연륜을 보여 주기에 충분한 짙은 적갈색의 가구들이 놓여 있다. 실내 장식은 1920년 카페의 문을 연 이후로 한 번도 바뀌지 않은 듯한 모습이다. 카페의 구석에는 탁자와 의자를 겸한 자리들이 있다. 적갈색을 띤 곡선의 바가 있고 그 너머에서 바텐더가 손님들의 주문을 받고 있다. 그의 동선을 최소화하기 위하여 머리 위에 술병을 거꾸로 매달아 두고 있다. 이곳에서는 차와 음료, 간단한 식사, 술 등을 판매한다. 도심의 노인들이 한적하게 술이나 차를 마시면서 담소를 나누고 있다. 그들은 카사블랑카를 여행하는 낯선 자에게 환대를 보낸다. 아니 호기심을 보인다는 말이 보다 정확한 표현일 것이다.

골동품처럼 보이는, 주문을 받는 카운터 기계가 카페의 역사를 말해 주고 있다. 주문받은 품목을 카운터에 찍고 작은 유리 틈으로 가격을 보여 준다. 여러 가지를 주문할 경우에는 가격을 합산하여 알려 준다. 바텐더는 계산서를 출력해서 손님 앞에 둔다. 카운터 기계가 오래되어 주문서에 주문 내역이 잘 인쇄가 되지 않았다. 그래도 바텐더는 오랜 경륜으로 금방 그 숫자를 읽어 내고 가격을 알려 준다. 카운터 위에는 카페의 마감 시간이 22시 30분임을 알리는 종이가 붙여져 있다.

나는 바텐더에게 과거 생텍쥐페리도 마셨을 법한 진한 커피를 주문하였다. 모로코의 커피 맛은 진하고, 입안에 커피가루가 남아 있을 정도로 텁텁하다. 그 진한 맛을 달래기 위한 하얀 각설탕 두 개도 함께 받았다. 카사블랑카의 흐린 날씨에 제격인 커피이다. 카페에서는 카사블랑카의 중년 신사들이 둘러앉아 한담을 즐기면서 세월을 보내고 있다. 그들은 담배 한 모금을 서슴없이 몸 밖으로 내뿜는다. 아직도 모로코는 흡연자와 비흡연자의 구분이 별로 없다. 뿌연 담배연기도 이곳에서는 용납되는 것이다. 어두운 실내 공간에서 흰 담배연기가 더욱 선명하게 꼬리를 보이며 중력을 벗어나고 있다.

프티 푸세 카페를 찾은 까닭은 생텍쥐페리 때문이다. 여행자로서 영원한 어린 왕자인 생텍쥐페리의 흔적을 가진 카페를 찾는 것은 너무도 당연한 일이다. 카페의 바텐더에게 생텍쥐페리를 만나고 싶다고 하니 손님인지 주인인지 모를 노신사가 자청해서 안내를 해 주었다. 그는 카페 밖으로 나가서 나를 다른 방으로 안내하였다. 그곳은 장시간 수다를 떨고 있어도 좋을 정도로 넓고 아늑한 공간이었다. 그는 소설가 생텍쥐페리가 자주 앉았던 자리를 알려 주었다. 탁자보가 모두 빨간색인데 유독 하나에만 하얀색 탁자보가 깔려 있다. 1920년에 오픈한 카페를 배경으로 찍은 기념사진이 투박하게 걸려 있다. 카페는 낡은 사진을 걸어두고서 너무 요란스럽게 장식하지도 않았다. 카사블랑카 사람들은 자신들만의 방식으로 생텍쥐페리를 사랑하고 있구나

□□ 프티 푸세 카페 건물   ▪□ 1920년 당시 카페 모습   □▪ 프티 푸세 카페의 내부

하는 생각이 들었다. 그들은 생텍쥐페리를 카페 밖 길거리로 내몰아 상업적으로 이용하려 하지 않았다. 카페 안에서도 마찬가지로 자신들의 소중한 자산인 생텍쥐페리를 광고하지 않았다.

생텍쥐페리는 레스토랑의 메뉴판에 글을 쓰던 습관을 가지고 있었다. 카페 벽면에는 그가 메뉴판에 연필로 글을 쓰고 그림을 그린 작품이 흐릿한 모습으로 액자에 담겨 전시되어 있다. 작품에는 이 카페의 메뉴판 종이임을 알려 주는 'Petit Pouce'가 선명하게 새겨져 있다. 액자 속의 글과 그림이 그를 기억하게 하고 장소가 그를 생각하게 한다. 이국의 땅에서 비행을 한 후 카페에 앉아 한 잔의 커피와 함께 쉼을 취하고 그림을 그리며 작품을 구상하는 그의 모습이 자연스럽게 그려졌다. 카페에 전시된 사진에는 '이곳은 생텍쥐페리가 카사블랑카에서 머물렀던 장소입니다'라는 설명문과 함께 엑셀시어 호텔 모습이 있다. 그가 인근의 엑셀시어 호텔에 묵으면서 프티 푸세 카페에서 커피를 마시고 작품을 구상했음을 보여 준다. 카사블랑카에서 호텔과 카페를 오가면서 글과 그림을 그렸을 모습을 상상해 본다.

생텍쥐페리가 카사블랑카와 맺은 인연을 살펴보자. 그는 1921년 4월에 프랑스 군대에 정비병으로 입대한 후 조종사가 되었다. 이후 사관후보생으로 카사블랑카에 배속되어 1922년까지 근무하였다. 생텍쥐페리는 1926년 10월 툴루즈에 있는 에어프랑스의 전신인 라테코에르 항공사에 입사한 후, 1927년에 동료들과 함께 툴루즈-카사블랑카, 다카르-카사블랑카의 우편 항로를 개척하였다. 1931년 5월에는 카사블랑카-포르에티엔을 경유하는 프랑스-남아메리카 항공로를 개척하였고, 1937년에는 비행기를 타고 통북투-카사블랑카의 직항로를 개설하려고

생텍쥐페리가 앉던 탁자
생텍쥐페리의 습작

카사블랑카에서 이륙하였다. 이처럼 그는 청년 시절부터 프랑스 식민지인 모로코의 카사블랑카를 중심으로 비행을 경험하였다. 카사블랑카에서 그의 주된 업무는 공군 조종사, 우편항공기 조종사, 비행항로 개척자로서의 역할이었다.

생텍쥐페리는 제1차 세계대전이 끝난 뒤인 1921년에 21살의 나이로 카사블랑카에 배치를 받았다. 세기의 전환기, 그리고 국제 정치 지형이 변화하던 시기에 공군 조종사로 제33비행연대에 배속받았을 때 그는 어떤 생각을 하였을까 생각해 보았다. 프랑스라는 본토를 떠나 신세계인 모로코 카사블랑카에서 새로운 별을 꿈꾸었을까? 젊은 패기로 하늘을 나는 것 자체만으로 자신의 해방을 경험했을까? 비행과 불시착, 새로운 항로 개척과 전투 참여 등의 경험이 그의 작품에 투영되어 있음은 분명하다. 당시만 해도 비행기를 타 보지 못한 많은 독자들이 그의 작품에 매료되었을 것이다. 그 당시 사람들은 제1, 2차 세계대전이라는 전쟁과 식민 지배자의 착취와 세계적 불황 등으로 새 땅과 새 하늘이라는 세상을 꿈꾸었을 것이다. 그가 그린 별나라는 현실의 고달픔을 벗어나려는 강한 역설이었을 것이다.

그는 카사블랑카에 프랑스 공군으로 첫발을 디뎠다. 프랑스의 식민 도시인 카사블랑카에서 그는 식민주의자로서 살았다. 『어린 왕자』를 통하여 세상을 풍자하였을지라도 그의 나라는 프랑스다. 사하라 사막에서 비행과 불시착을 경험하면서 '사막이 아름다운 것은 그것이 어딘가에 우물을 감추고 있기 때문이야'라는 주옥같은 글을 남겼지만, 카사블랑카에서는 이 말이 큰 감동을 주지 못한다. 식민 지배 국가는 식민지의 주민들이 숨겨 놓은 그 어떤 것도 찾아내어 약탈한 역사를 가지고 있음을 알고 있기 때문이다. 그도 카사블랑카에서 프랑스의 군인이자 우편항로 개척자로서의 역할을 제국의 이름으로 수행하였다. 그는 모로코인의 시선이 아닌 지배 국가 국민의 시선으로 사하라 사막과 카사블랑카를 보고 있다. 그는 사하라 사막을 하늘 위에서 관조하는 자였다. 모로코나 북아프리카의 주민들과 같은 눈높이를 가진 시선으로 바라보지는 않았다. 그는 사하라 사막에 불시착을 하였다. 불시착은 예정에 없는 것이고, 원하지도 않는 것이다. 생텍쥐페리의 불시착은 이미 카사블랑카에서부터 시작하였을 것이다.

카사블랑카의 프티 푸세 카페에서도 그는 날마다 불시착을 경험하였을 것이다. 이국의 땅에서 또 다른 이국의 공간인 하늘을 무대로 불시착을 하며 살았다. 진한 커피 그리고 독한 술을 마시면서 불시착의 기억을 글과 그림으로 남겼다. 지금은 생텍쥐페리가 그곳에 없지만, 그를 사랑하는 카사블랑카의 중년 신사들은 이곳에서 여유를 즐기며 생텍쥐페리처럼 저마다의 인생 불시착을 하고 있다. 여행자인 나도 생텍쥐페리가 머물렀던 그 자리에서 잠시나마 그와 호흡을 나누어 본다.

모하메드 5세 광장에는 공공기관이 집중해 있다

카사블랑카의 도심을 걸으면서 모하메드 5세 광장Mohammed
V Square으로 향하였다. 도시의 모든 것에 관심을 두고 길을 걷
던 중에 하늘이 심상치가 않아 보였다. 금방 하늘이 짙은 잿빛
으로 바뀌더니 장대비가 쏟아진다. 중력의 방향으로 강렬하게
떨어지는 빗방울이 길바닥 위에 화성의 분화구 같은 모양을 만
들어 낸다. 이내 곧 인도와 차도가 빗물로 뒤덮였다. 거리의 회
랑 안으로 피신을 하여 장대비가 멎기를 기다렸다.

비가 그치기를 기다릴 겸해서 가까운 곳의 작은 가게에서
쉬어 가기로 하였다. 요기도 하고 차도 한잔 마시고자 했다. 가
게에 들어서자 주인은 누군가를 급히 불러온다. 아마도 낯선 모
습의 외국인 손님을 맞이한 경험이 적어서 당황한 듯 보인다.
마침 가게에 들른 손님의 도움으로 주문을 무사히 마쳤다. 그
곳에서 라입raib과 민트 차를 주문하였다. 모로코식 요구르트인
라입을 홉스 빵과 곁들여서 먹었다. 하얀 색의 라입은 끓인 우
유처럼 보였다. 우리의 요구르트와 비슷하여 먹기에 불편하지
는 않았다. 주문한 라입은 엄청난 양을 자랑하였다. 모로코가
목양을 하는 나라여서 양젖을 발효시킨 음식이 발달하고 풍부

함을 실감했다. 라입에다가 아몬드를 넣어 먹으니 고소한 맛이 입안 가득 퍼졌다. 현지 주민들이 아타이atay라고 부르는 민트 차는 모로코인들의 영혼을 불러일으키는 소울 음료이다. 민트 잎과 함께 차를 끓여 그 위에 녹색의 민트 잎을 띄웠다. 민트의 진한 향이 강하게 느껴졌다. 민트 차를 컵에 따를 때는 주전자

▗ 비가 내리는 모하메드 5세 거리
　　　▝ 라입

를 높이 들어 올려서 따르는데 이것은 거품을 만들기 위함이다. 자극적인 맛에 익숙해서 그런지 민트 티는 약간 비릿하고 깔끔하지 않은 맛이었다. 이곳 주민들의 음식 문화에 익숙해지기가 만만치 않음을 실감해 본다.

잠깐 요기를 하는 사이 소낙비가 잦아들고 금방 해가 나타났다. 비로 지체된 여행길을 다시 재촉하여 카사블랑카의 도심을 섭렵한다. 모하메드 5세 광장에 들어서니 넓은 공간, 중앙의 분수대, 광장 주변의 야자수나무, 그리고 엄청난 수의 비둘기 등이 있다. 공원 광장에는 'WE CASABLANCA' 로고가 있는데, '우리는 카사블랑카다'란 의미를 갖고 있다. 카사블랑카의 로고에서 'WE CASA'는 파란색으로, 그리고 'BLANCA'는 검은색으로 표현하고 있다. 광장의 로고는 카사블랑카의 여행자에게는 사진 찍기에 좋은 랜드마크이다.

모하메드 5세 광장은 카사블랑카의 상징적인 공간이다. 이 광장은 1916년에 프랑스 주둔군 대장인 위베르 리요테의 지시로 건설되었고, 그의 이름을 따서 리요테 광장Place Lyautey으로 불렸다. 모로코가 프랑스로부터 독립한 이후에 광장의 이름을 모하메드 5세 광장으로 변경하였다. 이 광장에는 비둘기가 많아서 비둘기 광장Pigeon Square이라는 별명도 있다. 광장 아래에는 트램이 지나고 출입구가 광장과 이어지고 있다.

모하메드 5세 광장은 주변에 들어선 관공서들의 중정 역할

🟦 카사블랑카 로고   🟦 모하메드 5세 광장과 비둘기

을 하고 있다. 모하메드 5세 광장을 중심으로 행정청, 은행, 우체국, 법원 등의 주요건물들이 입지해 있다. 광장을 둘러싼 20세기 초에 세워진 건물들은 모로코의 슬픈 현대사를 반영해 주고 있다. 이들은 프랑스 식민지 정부가 주도하여 건축한 제국의 건물이자 모로코 식민 통치의 상징물이다. 이곳의 건물들에서 이슬람 장식을 볼 수 있는데, 이는 유럽의 건축가들이 이슬람의 전통적인 건축양식을 근대 건축에 반영한 신무어주의Neo-Moorish 양식을 취하였기 때문이다.

이곳의 우체국 건물은 1919년에 아래층을 우체국으로 그리고 위층을 호텔로 설계하여 건축하였다. 파란색과 녹색의 세라믹으로 장식한 화려한 모자이크 외관을 가진 건물의 입구가 인상적이다. 우체국 입구에는 외국, 국내, 카사블랑카 시내로 구별해 둔 우편함이 놓여 있다. 우체국 안에는 거대한 샹들리에가 엄청난 무게를 견디며 천장에 매달려 있다. 샹들리에는 주변의 창문을 통해 들어온 햇빛으로 실내조명을 조절한다. 호텔은 1층 계단으로 올라갈 수 있다.

다음으로 법원 건물은 1925년에 건축되었고, 건물 정면에는 정의를 상징하는 저울 문양이 새겨져 있다. 법원의 정면에는 아랍어, 베르베르어, 프랑스어가 적혀 있다. 이 건물은 여느 법원 건물보다는 덜 권위적으로 보인다. 과거에 이곳은 프랑스 군인들이 주둔하던 장소여서 서슬이 시퍼렇던 때가 있었다. 그래

1장 ★ 그대의 눈동자에 건배하고 싶은 도시, 카사블랑카

서 법원 건물을 덜 권위적으로 건축하려 했는지도 모르겠다. 보통 모더니즘 양식을 반영한 법원 건물에는 지나치게 많은 계단들이 있는데, 그 계단들은 법원을 오르내리는 사람들을 위축시킨다. 법원에는 경비병이 있으나 이곳을 드나드는 데는 큰 지장이 없다. 법원 중앙 통로의 양쪽에는 주랑과 회랑이 있다. 법원은 시청과 연결되어 있고 그 가운데에 중정이 있다. 중정에서는 작은 공원처럼 휴식을 취할 수 있다.

알 마그리브 은행Bank Al Maghrib은 프랑스 식민지 시기인 1906년에 개설되었고, 독립 이후에 국책 은행으로서 기능하고

■□ 카사블랑카 우체국   □■ 우체국의 샹들리에

있다. 은행의 본점은 라바트에 있고, 카사블랑카 등에 지점을 두었다. 건물의 외벽은 이슬람 특유의 추상적인 문양으로 장식되어 있다.

모하메드 5세 광장은 프랑스의 식민 지배 거점으로서 프랑스 식민지 군대가 주둔하던 슬픈 역사를 가진 광장이다. 악어의 눈물처럼 식민 지배를 수행하는 건물들은 근대 건물에 이슬람의 문양, 세라믹 타일, 색깔, 기하 무늬 등을 반영하여 건축하였다. 여전히 당시의 주둔군 대장의 동상이 광장의 건물 앞에 서 있다. 식민의 잔재를 모두 제거하는 것이 어려워 보였다. 아마도 식민지 근대화론이 이곳에도 남아 있을 것이다. 모로코도 프랑스 식민지 정부에 부역을 한 사람들을 온전히 정리하기란 쉽지 않았을 것이다. 그것은 프랑스어가 널리 상용어로 쓰이고 있는 점에서 미루어 짐작할 수 있다. 현재 이곳은 시민들에게 휴식을 제공하는 공간으로 기능을 하고 있다. 비둘기 광장이라는 별칭처럼 이곳에 평화가 내리길 바란다. 그리고 그 평화가 모로코와 분쟁 중인 서사하라에도 함께하길 소망해 본다.

모하메드 5세 광장에서 서쪽으로 가면 사크레 쾨르 대성당 Cathedrale Sacre-Couer이 나온다. 이곳으로 가는 길에는 야자수가 질서정연하게 늘어서 있다. 정원을 가진 카페와 식당들 또한 눈에 들어왔다. 하얀색의 성당에는 고딕 양식의 두 타워가 우뚝 솟아 있고, 내부는 아주 높은 주랑과 함께 전면에 인상적인 스

🏛 카사블랑카 법원   🏛 알 마그리브 은행

테인드글라스가 장식되어 있다. 성당의 거대한 규모에 비해 작은 창문은 모스크를 닮았다. 이 대성당은 1930년에 이슬람교를 주로 믿는 카사블랑카에 건설되었으나, 1956년 모로코가 프랑스로부터 독립한 후 더 이상 성당으로서의 이용이 금지되었다. 현재는 학교, 문화센터, 박람회와 전시회 등의 장소로 활용되고 있다. 카사블랑카에는 사크레 쾨르 대성당 외에도 스테인드글라스 장식으로 유명한 노트르담 성당Notre Dame de Lourdes Church이 있다.

사크레 쾨르 대성당을 보면서 모로코에서 종교다원주의를 지향하기가 쉽지 않음을 목격한다. 이슬람 국가인 모로코에서 인구 1.0퍼센트를 갓 넘는 정도인 기독교인들이 기독교 신자로 산다는 것은 만만치 않은 일이다. 다른 이슬람 국가에 비해 상대적으로 종교 활동이 자유롭긴 하지만 전반적인 문화에서 기독교가 비주류임은 틀림없다. 종교근본주의와 종교다원주의가 양립하기란 쉽지 않은 일이다. 기독교든 이슬람교든 종교근본주의는 경계할 필요가 있다. 종교근본주의는 자신의 종교로 타인이 믿는 종교와 그 신자를 탄압할 가능성이 높기 때문이다. 종교의 이름으로 세상을 미혹하거나 테러를 감행하는 것은 어느 신도 좋아하지 않을 것이다. 신은 기본적으로 사람을 이롭게 한다. 종교를 핑계로 특정 권력자나 종교인들이 자신들의 이익을 추구하지 않길 바란다.

■ 사크레 쾨르 대성당

하산 2세 모스크의 웅장함을 목격하다

세계적인 규모를 자랑하는 하산 2세 모스크Hassan Ⅱ Mosque
에 가기 위해 사크레 퀴르 대성당에서 택시를 탔다. 택시에서
내리자마자 멀리 대서양을 배경으로 우뚝 솟은 미너렛과 바다
에 떠 있는 듯한 모스크가 태양의 역광 속에 눈에 들어왔다. 모
스크란 이슬람교도들이 예배를 드리는 장소, 즉 사원을 가리키
는 말이다. 미너렛은 모스크의 부속건축물로, 이슬람교 사원에
설치하는 첨탑이다. 보통 사원마다 1~6개의 첨탑을 세운다. 모
스크의 광장은 수만 명을 동시에 수용할 정도로 광활하다. 바닥
은 사암 블록으로 네모 모양의 장식을 이어갔다. 광장을 지나
모스크의 정문으로 가면서 건물의 품안으로 빠져들어 간다. 하
산 2세 모스크는 웅장한 크기, 대서양의 바다, 부서지는 파도,
강한 바람, 빛나는 태양, 넓은 광장의 조합으로 사람들을 압도
했다. 인간이 만든 조형물인 모스크가 성전이 가지는 신성성조
차 압도했다. 모스크를 찾는 사람들이 신에게 경외심을 갖기보
다는 조형물에 먼저 찬사할 것처럼 보인다. 하산 2세 모스크는
신성보다 물성이 지나치게 드러났고, 성전을 건축한 사람의 과
시욕이 바탕에 깔려 있는 듯했다.

하산 2세 모스크는 대서양의 바다와 아프리카 대륙의 육지 사이에 건축되었다. 대서양 해안가의 암반에서 작은 섬까지의 바다를 매립하고 그 위에 모스크를 건설하였다. 이 모스크는 모

■ 하산 2세 모스크

로코 국왕인 하산 2세의 60번째 생일을 기념하기 위하여 6년간의 공사 끝에 1993년 준공하였다. 그가 이곳에 모스크를 건설한 까닭이 있다. 하산 2세는 카사블랑카에 영원히 자부심을 가질 수 있을 만한 거대하고 아름다운 건물을 기부하고 싶었다. 신의 보좌가 물 위에 있다고 믿었던 그는 물 위에 모스크를 건설하였다. 그곳에서 신도들이 알라신에게 기도하고 그 믿음으로 창조주가 지은 하늘과 바다를 보길 바랐다.

　물 위에 모스크를 건설하게 된 근거는 "신은 여섯째 날에 하늘과 땅을 창조하였다. 그리고 그의 보좌는 물 위에 있었

하산 2세 모스크와 대서양(출처: Wikipedia)

다."(쿠란 11;7)라는 믿음에 있었다. 창조주가 물의 밑과 물의 위를 창조하였고 밑도 아니고 위도 아닌 곳에 천지를 창조하였다는 믿음을 토대로 거대한 모스크를 대서양 위에 건설하였다. 그리고 모스크의 중앙을 유리 바닥으로 제작하여 바다가 보이도록 했다. 이는 신도들이 알라신이 창조한 물 위에서 창조주에게 기도와 찬양을 하고 창조주를 기념하기 위함이다.

하산 2세 모스크의 랜드마크는 첨탑인 미너렛이다. 세비야에 있는 히랄다 탑의 모양과 문양을 본떠서 만들었다. 미너렛은 210미터의 높이로 하늘 높이 솟아올라 아라비아반도의 메카를 향하고 있다. 60층 꼭대기에 설치한 레이저 빔도 메카로 믿음을 쏘고 있다. 미너렛에 무어인들의 기하학적 문양을 새겨 놓고 녹색과 갈색으로 장식한 것이 인상적이다. 미완성으로 끝난 라바트의 하산탑을 이어받아 이곳에 미너렛을 완성하였다. 모스크의 거대한 벽면은 카스바의 성벽처럼 느껴진다. 벽면에 아라베스크 문양을 담아서 하산 2세 모스크가 가장 이슬람적인 모스크가 되길 바라고 있다. 모스크 1층에는 거대한 주랑들이 줄을 서서 아치를 그리고 있다. 아치는 마치 로마의 수도교 같은 모양을 하고서 모스크의 출입구 기능을 담당하고 있다. 주랑 사이로 보이는 모스크 곳곳의 풍경들이 한 폭의 그림처럼 보였다. 모스크는 신도들의 기도하는 공간도 빼놓지 않고 갖추어 놓았다.

대서양의 거센 파도가 모스크 주변 방파제에 부딪쳐 거대한 포말을 만들어 낸다. 바람에 날린 파도의 포말이 하산 2세 모스크를 물안개로 채운다. 모스크는 대서양의 바람과 파도에도 아랑곳하지 않고 꼿꼿이 당당하게 서 있다. 그러나 사실 모스크에는 우리가 잘 모르는 애환이 있다. 대서양의 소금기를 잔뜩 머금은 파도나 물안개가 소리 없이 모스크를 부식시키고 있다는 점이다. 벽의 콘크리트가 떨어져 나가고 건물의 철근들이 녹슬고 말았다. 아마도 하산 2세는 바다의 염분을 간과한 것으로 보인다. 모스크는 2005년에 대대적으로 보수되었으나, 앞으로도 염분과의 전쟁이 불가피해 보였다.

대서양으로 지는 석양이 모스크 광장에 그림자를 잔뜩 드리운다. 주랑 사이로 하루의 일과를 마친 태양이 붉은 노을을 투사한다. 모스크 주변의 해안 모래사장도 붉어진다. 해안 사구 위의 카페와 호텔들은 거친 파도와 아름다운 해안 경관을 감상하기 좋은 곳이다. 그 해안의 어느 곳에는 릭스 카페도 있다. 영화 〈카사블랑카〉에 나오는 카페를 재현한 것이다. 사람들은 재현한 카페를 찾아 영화의 주인공인 잉그리드 버그만과 같은 사랑을 하고 싶어 할 것이다. 모스크를 포함한 대서양 해안으로 떨어지는 붉은 노을은 우리 모두의 마음을 자극하기에 충분하다.

호부스 쿼터에서 카사블랑카 시민들의 삶을 엿보다

카사블랑카에는 두 곳의 메디나가 있다. 구도심의 메디나는 유엔 광장 옆에 있고, 신도심은 호부스 쿼터Habous Quarter에 있다. 구도심의 메디나는 모로코인들의 삶이 있는 곳이고, 호부스 쿼터의 메디나는 프랑스 점령군과 프랑스에 동조한 모로코인들이 거주하던 곳이다. 호부스 쿼터는 구도심의 메디나에 비해 규모가 작은 편이다. 이곳은 1916년부터 개발되기 시작하여 1930년대 물레이 유세프 모스크The Mosque of Sultan Moulay Youssef, 1940년대 파샤의 법정Mahkamat du Pasha 등이 들어섰다. 프랑스의 식민 지배 시기에 형성된 호부스 쿼터의 건물에는 프랑스 양식과 모로코의 양식이 공존한다.

호부스 쿼터를 여행하기 위하여 프티 택시를 탔다. 말 그대로 정말 작은 택시이다. 과거 우리나라의 초소형 자동차의 상징인 티코만한 크기이다. 프티 택시는 폐차 직전의 차처럼 보인다. 작은 차의 장점도 있다. 좁은 골목이나 도로 양쪽에 차가 주차되어 좁아진 길도 유연하게 빠져나간다. 택시 요금이 싸서 웬만한 거리는 택시를 이용해도 좋다. 택시기사는 능숙하게 골목의 도로를 운전하여 모로코 국왕의 왕궁 앞에 내려 주었다.

모로코 국왕의 궁전은 네 곳이 있는데, 한 곳은 카사블랑카에 그리고 세 곳은 라바트에 있다. 카사블랑카의 왕궁은 왕이 이곳에 체류할 때 이용한다. 왕궁 주변의 도로는 통제되어 있고 경찰들이 삼엄한 경계를 펴고 있다. 이곳의 궁전도 작은 세라믹 타일을 붙여 모자이크 장식을 하고 있다. 왕궁 입장은 허락되지 않았고 건물 사진 촬영도 할 수 없다. 왕궁의 건물은 모로코 국왕이 머무는 곳이라는 점을 빼면 별다른 흥미를 자극하지 않았다. 왕궁보다는 오히려 왕궁 건너편에 집중 분포해 있는 오래된 서점들이 인상적이다. 작은 규모의 서점들이 어깨를 나란히 한 채 상가에 들어서 있다. 실내가 좁고 어두운 서점에는 동화책에서 사전류까지 수많은 책들이 빼곡하게 들어서 있다. 언제 올지 모르는 손님을 내내 서서 기다리고 있는 주인은 고단한 인내를 감내하는 듯했다. 그러나 그의 얼굴 표정은 책을 사러 올 손님을 앞서서 기다리며 평안하고 행복해 보였다.

호부스 쿼터의 본격적인 여행은 60개의 아름다운 방들이 있는 파샤의 법정에서 시작한다. 이곳은 법원, 관사, 의회 접견실, 감옥의 기능을 한다. 건물은 주로 벽돌을 쌓아 건설되었고, 녹색 지붕, 향나무 장식, 갈색과 흰색의 대비를 가진 벽면 등으로 이루어졌다. 파샤의 법정 법원 앞에는 작은 로터리 광장이 있고, 그 가운데에는 모로코의 국기가 게양되어 있다. 그곳에는 올리브나무가 빼곡하게 조성된 작은 공원이 있다. 파샤의 법정

■ 호부스 쿼터 거리 경관 　■ 파샤의 법정

건물 안으로 들어서면 이슬람 건축의 아름다움을 한눈에 볼 수 있다. 가운데 중정이 있고 중정을 둘러싼 건물에는 주랑과 아치 장식이 있다. 벽면의 아랫부분에는 녹색과 짙은 파란색의 세라 믹 타일로 기하학 문양을 만들어 놓았다. 벽면의 윗부분은 하얀 바탕에 섬세한 조각을 수놓은 문양들이 있다. 다음으로 호부스 쿼터의 길거리로 향하자 물레이 유세프 모스크의 미너렛이 골 목 너머로 보인다. 성문 담장 위로 우뚝 솟아올라 사람들의 시 선을 붙잡고 있다.

호부스 쿼터의 중앙에 위치한 신의 공간인 모스크를 지나면 삶의 장소가 펼쳐진다. 메디나에는 작은 가게들이 촘촘히 그리 고 다닥다닥 붙어서 입지하고 있다. 삶의 장소란 치열한 곳임 을 적나라하게 보여 준다. 이곳에는 먹을거리가 많다. 빵집, 카 페, 향신료 가게, 올리브 가게 등이 사람들의 먹는 문제를 해결 해 준다. 크림을 잔뜩 바른 도넛과 일용할 양식인 빵을 파는 파 티세리 빵집, 그리고 길거리의 올리브나무 가로수를 앞에 두 고 노천카페를 겸하는 오래된 임페리얼 카페Imperial Cafe가 있 다. 1938년에 개업을 한 프랑스 빵집은 과자, 도넛, 코른 드 가 젤corne de Gazelle 등을 판다. 모로코의 대표적인 간식인 코른 드 가젤은 아프리카 사바나에 사는 가젤의 뿔을 닮았다고 해서 붙 여졌다. 모로코 말로는 캅 엘 가젤kaab el ghazal로 불리는데, 프 랑스 식민 시기에 들여온 과자를 모로코 사람들이 변형해서 만든 빵이다. 이는 하얀 초승달 모양으로 모로코인들의 대표적인 먹거리이다. 1957년에 문을 연 임페리얼 카페는 커피, 민트 차, 누스누스 한잔을 마시며 쉼을 가질 만한 장소이다. 카페의 옥외 테이블에는 모로코의 강한 햇볕에도 아랑곳 않고 커피를 즐기는 노년 신사들이 자리 잡고 있다.

다음으로 작은 시장인 수크에서 풍겨 오는 시큼한 냄새를 따라가니 각종 절임 음식이 있다. 모로코의 더운 여름을 견디기 위해서는 과일이나 채소 등을 소금에 절일 수밖에 없다. 이곳의 가게 주인들은 세상의 모든 것을 절이겠다는 강렬한 의지로 올리브, 대추야자, 귤까지도 절여서 팔고 있다. 가게의 올리브는 색소가 들어가 형형색색의 빛깔을 보인다. 가죽제품과 수제품,

■ 코른 드 가젤

67

생활용품을 파는 상점들도 손님들을 기다리고 있다. 어느 선물 가게는 손님이 찾아온 지 오래되었음을 물건 위에 쌓인 먼지가 조용히 말해 준다. 낮 시간의 시장은 좀 한산하지만 해가 서쪽으로 넘어가면 식사하러 온 손님들로 북적일 것이다.

철길을 지나서 남쪽으로 가다 보면 정육점 거리가 나온다. 철길을 넘어선다는 것은 상대적으로 열악한 곳으로 들어간다는 의미이다. 허름한 동네는 가게의 장식이나 도로 포장 등이 낡고 파헤쳐져 있다. 이 동네에도 후각과 시각을 자극하는 것들이 있다. 호부스 쿼터의 메디나 길거리에서 고기를 구워 먹는 모습이 인상적이다. 고기 굽는 냄새가 코끝을 자극하고, 불을 피우면서 나오는 희뿌연 연기가 길거리에 자욱하다. 이곳에서는 붉은 조명 아래 양고기, 소고기를 매달아 두고 고기를 잘라서 팔거나 구워 먹는다. 그래서 이곳을 정육점 거리라 부른다. 당연히 이곳에서는 이슬람교의 금기 식품인 돼지고기를 팔지 않는다. 돼지고기는 이슬람교의 영향으로 북아프리카, 중동 등의 나라에서는 먹지 않는다. 돼지고기를 금하는 이슬람 전통은 종교가 크게 영향을 주긴 하였지만 건조기후에 적응하는 과정에서 나온 생활의 지혜라고도 볼 수 있다. 돼지고기는 기온이 높고 건조한 환경에서는 부패가 빠른 식재료이다. 또한 유목민들에게 돼지는 이동속도가 느리고 건조기후에서 절대적으로 부족한 물을 많이 마시는 동물이다. 그래서 오래전 기후 적응과정에서 형성된 돼지고기 금기 문화는 건강한 식생활을 즐기는 데 매우 중요한 생활양식이 되었다.

이슬람교도들의 금기 식품인 하람haram에 속하는 것은 돼지고기, 동물의 피, 죽은 짐승고기, 제사에 오른 고기, 할랄 의식을 거치지 않고 도살한 고기 등이다. 여기에는 상하기 쉬운 음식이라는 공통점이 있다. 하람 식품은 이슬람교도들이 계율과 건강을 지키기 위해 먹지 않는 식품이고, 할랄halal 식품은 이슬람교도들도 먹을 수 있는 식품이다. 발굽이 갈라지고 되새김질

■ 정육점 거리

하는 동물로서 양고기, 소고기, 낙타고기가 대표적인 할랄 식품이다. 종교의식으로 창조주 알라의 이름으로 도축한 고기는 먹을 수 있다. 인간의 생존을 위하여 다른 생명을 취하는 데에 신의 허락을 구하는 행위이기 때문이다. 종교의식은 고기를 준 신에게 감사할 것을 강조하는 동시에 다른 생물의 생명을 취할 때는 꼭 생존에 필요한 정도로만 절제하길 강조한다. 이처럼 이슬람교도들은 먹을 것과 먹지 말아야 할 것을 구분하여 건조기후에서 건강하게 살아가는 지혜를 얻었다.

호부스 쿼터의 메디나를 걷는다. 프랑스와 그 동조 세력이 조성한 호부스 쿼터에서 식민주의가 준 영향을 확인할 수 있다. 식민 지배자들은 그들만의 거주 공간을 만들어서 전통적인 모로코인의 거주 공간과 구별하였다. 파샤의 법정, 물레이 유세프 모스크 등 프랑스 건축가들이 설계하고 건설한 공적 건물은 모로코 사람들의 삶과 정신을 지배하고 있다. 프랑스의 영향력은 먹거리 빵인 코른 드 가젤에도 미칠 정도로 모로코인들의 일상생활에 깊게 자리 잡고 있다. 여행자로서 호부스 쿼터에서 카사블랑카 사람들의 삶을 잠시 살펴본다. 모두가 저마다의 삶을 영위하고 있다. 메디나의 노인들이 가게를 지키면서 웰컴을 외친다. 노인들의 호객 소리가 애잔하게만 들리지는 않는다. 힘들고 거칠게 청춘을 보냈지만 지독하게 아름다운 삶을 살아왔다고 자부하는 소리로 들렸다. 호부스 쿼터에서 여행자로서 모로코인들의 삶의 현장을 조금 경험하면서 모로코의 문화를 엿보고, 다시 그 눈으로 나를 바라볼 수 있어서 좋다.

카사블랑카 여행을 마치면서

모로코 카사블랑카는 대서양을 품은 하얀 도시이다. 카사블랑카라는 관문을 통하여 베르베르인들은 오래전에 해양과 대륙의 문화를 동시에 발전시켰다. 인류에 제국주의와 중상주의가 득세하면서 카사블랑카는 포르투갈, 스페인, 프랑스 등 강대국의 침략 근거지가 되었다. 특히 카사블랑카는 서구 제국주의의 지배를 거치면서 근대 도시의 면모를 갖추었으며, 메디나의 오래된 지역과 근대 도시의 경관을 가진 지역으로 자연스럽게 구분되어 오늘에 이르렀다. 카사블랑카에는 식민 지배의 기억이 각인되어 있다. 생텍쥐페리도 카사블랑카에서는 식민 지배의 아이콘이다. 유엔 광장을 중심으로 한 도심의 곳곳에서 식민 경관을 볼 수 있다. 하지만 유구한 베르베르인과 아랍인들의 모로코는 메디나를 바탕으로 질긴 생명력을 이어 온다. 그들은 프랑스의 지배에 지속적으로 저항하여 독립을 이끌어 내었다. 카사블랑카에 가면 모로코인의 정체성을, 그리고 프랑스가 남긴 잔영인 식민 경관을 볼 수 있다. 여행을 할 때 상대적 약자나 약소국에 더 많은 관심을 갖고 그들의 입장에서 바라보고자 한다면, 그 여행은 보다 정의로운 여행에 가깝다고 할 수 있다.

카사블랑카는 이슬람 문화권의 도시이다. 하산 2세 모스크는 모로코 국왕이 알라신에 대한 신앙심을 지상 최대의 건축으로 표현한 아이콘이다. 이슬람교와 이슬람 문화는 카사블랑카 시민들의 삶을 구석구석 지배하고 있다. 시내 곳곳에서 보이는 모스크의 미너렛과 일정한 시간마다 들리는 아잔Azan의 소리가 알라를 향한 신앙심을 드러내고도 남는다. 유대인이나 프랑스 등을 통해서 들어온 기독교도가 카사블랑카를 포함한 모로코에 적게나마 존재하고 있으나, 종교 다원주의까지는 이르지 못하고 있다. 종교가 삶에서 중요한 인자이긴 하지만, 종교와 정치와 개인의 삶을 동일시하려는 일부 국가의 시도들은 이 시대에는 무리가 있다고 본다.

카사블랑카에는 사랑이 있다. 사랑하는 사람의 눈동자에 건배를 할 정도로 아름답고 절절한 사랑이 있다. 카사블랑카의 릭스 카페에서 카후아 커피 한잔을 시켜 놓고 달달한 사랑을 나누어도 좋다. 사랑하는 사람을 위하여 모로코의 특산물인 아르간 오일을 선물해 줘도 좋다. 사랑은 국적, 종교, 문화 등을 뛰어넘을 수 있다는 격언을 영화 〈카사블랑카〉에서도 확인할 수 있다. 사랑은 사람들을 따뜻하게 만든다. 사랑하는 사람에게 사랑을 전하면 그 사랑은 우리를 낯선 사람에게도 기꺼이 길을 안내해 줄 수 있는 사람으로 만든다. 카사블랑카에서 만나는 사람들을 사랑의 눈으로 바라봐도 좋다. 그러나 카사블랑카에도 속고 속임이 존재함을 명심할 필요가 있다. 특히 낯선 여행자는 이곳에서도 속이려 드는 사람들의 표적이 되기가 쉽다. 지나친 친절에도 눈과 마음에 경계를 늦추지 말아야 하는 것이 여행을 하는 자의 숙명일 게다.

아프리카 대륙의 서쪽 끝에서 카사블랑카를 만났다. 이곳은 아프리카에서 유럽 이베리아반도의 남쪽 끝으로 가는 출발점이다. 시작과 끝을 동시에 공유하는 카사블랑카는 필연적으로 문화, 인종, 종교, 언어 등의 다양성을 가지고 있으며, 베르베르 원주민, 아랍, 지중해, 유럽 등의 문화들이 모이는 자리인 만큼 문화접변을 가져오기에 적합한 장소이다. 다시 말해 카사블랑카는 문화의 혼종성hybridity을 잘 드러내고 있다고 할 수 있다. 인종, 민족, 국민, 언어, 역사, 종교 등의 다양한 배경을 가진 사람들이 카사블랑카에서 생활한다. 저마다의 삶의 양식을 가지고 있듯 타자의 삶의 양식 또한 존중하여 조화롭게 살아가길 소망한다.

2장 ☆

다양한 문화와 역사가 공존하는 도시,

라바트

Spain

Mediterranean Sea

Atlantic Ocean

Rabat

Casablanca

Morocco

카사블랑카에서 라바트로 가는 길

기차가 소란스럽게 카사 보야저 역을 출발한다. 과거처럼 기적 소리를 내는 것은 아니어도 철로를 따라서 가속을 붙이려고 안간힘을 쓴다. 그 몸부림이 쇳소리로 변하여 귓가에 울린다. 카사블랑카 카사 보야져 역은 1932년 프랑스의 식민 시기에 지어진 역이다. 착취를 일삼는 제국주의 식민 지배국은 식민지의 물산을 보다 빨리, 그리고 보다 편리하게 착취하기 위하여 철도를 건설하였다. 일본이 우리나라의 지배와 약탈을 용이하게 하기 위하여 철도를 건설하였듯이 이곳에서 프랑스도 예외는 아니었다. 주로 해안가에서 내륙 방향으로 부설된 아프리카의 철도 노선들이 이를 잘 말해 준다.

모로코의 대서양 연안에 남북으로 분포하는 주요 도시들은 철도로 이어져 있다. 해안의 대도시들 또한 철도로 내륙 지방의 도시들과 연결되어 있다. 철도는 모로코의 간선도로망 역할을 하는 동시에 근대산업 문명의 아이콘으로서 도시의 발달을 가져

2장 ★ 다양한 문화와 역사가 공존하는 도시, 라바트

오는 중요한 기능도 한다. 프랑스 식민 지배 시기에 건설된 철도 노선을 바탕으로 도시가 발달하고, 그 도시를 거점으로 모로코 사람들의 삶도 이루어지고 있다.

　카사 보야저 역에서 고속열차를 타고 라바트로 간다. 고속 열차는 대서양 연안의 아름다움을 잠시 보여 주더니 주택가를 달리고 도로 위의 자동차와 속도를 겨루기도 한다. 고속철도는 한 지역을 양쪽으로 갈라 경계를 만든다. 경계는 곧 차단을 의미한다. 철길을 중심으로 오가는 것을 차단한다. 고속철도는 시속 300킬로미터 이상으로 빠르게 주행하기 때문에 사람들을 보호하고 철도를 안전하게 운행하기 위해 철도 주변에 매우 높고 단단해 보이는 차단벽을 세워 두었다. 마치 미국이 멕시코 국경에 세운 장벽처럼 굳건해 보이는 콘크리트 차단벽이 눈에 들어

■ 라바트로 가는 고속열차

온다. 한 치의 틈도 허락하지 않을 기세다. 고속철도의 빠른 속도로 창밖으로 보이는 차단벽은 순식간에 스쳐 지나간다.

철길 양쪽에 놓인 단단한 장벽 사이로 상행선과 하행선의 두 갈래 철길이 놓여 있고, 고속철도는 라바트로 향하는 길을 따라 질주한다. 창밖으로 경계 차단벽 너머 보이는 모로코의 경관을 순간순간 감상한다. 고속철도가 건설된 지가 오래되지 않았고, 차단벽 안쪽이어서인지 경계 차단벽에는 그 흔한 그라피티조차 보이지 않았다. 경계 너머로는 장방형으로 구획을 나눈 푸른 초장이 눈에 들어온다. 푸른 초장은 생명의 색이어서 늘 기분을 좋게 하고 활력을 준다. 모로코 국기의 별이 녹색인 까닭을 이해할 수 있었다.

푸른 초장 너머로 모로코의 해안가와 대서양의 풍경이 펼쳐진다. 푸른 평원에는 회색으로 바랜 털로 몸집이 불어난 양 떼들이 풀들을 뜯으며 분주하게 일과를 보내고 있다. 풀을 뜯는 양 떼들을 보니 모로코에서 고속철도 주변에 촘촘하게 장벽을 세운 까닭을 추측할 수 있었다. 이곳의 경계 차단벽은 행여 양들이 길을 잃거나 풀을 찾으려고 철길로 뛰어드는 것을 방지하여 고속철도의 안전을 지키기 위함일 것이다. 작은 양이어도 고속열차의 주행을 방해하여 열차의 궤도를 이탈시킬 수 있을 것이다. 그러한 이유로 끝없는 장벽을 세운 것이다.

차단벽의 경계는 열차 밖 사람들의 습관이나 양떼의 자연스러운 본능을 방해하거나 차단한다. 모로코의 푸른 초장에서 풀을 뜯는 양 떼의 자연스러운 본능을 인공물이 방해를 한다. 철길 주변의 사람들도 철길을 가로질러 다니던 예전 습관을 잊어야 한다. 고속철도를 두고서 본능과 습관대로 행하면 죽음을 맞이할 수 있기 때문이다. 빠름이 주는 편리함과 효율성을 지닌

■ 기찻길 경계와 그 너머의 평원

현대 문명의 이기에 생명체가 가진 본능이나 습관을 양보해야 한다. 아니 빼앗길 수밖에 없다. 열차의 창밖으로 보이는 경계의 경관과 양 떼들을 목도하면서 여행을 한다.

고속철도의 철길을 따라서 이동하다 보면 다양한 지리적 경관을 경험한다. 그중에서도 가장 많이 보이는 경관은 철길의 소음에도 아랑곳하지 않고 살고 있는 철길 주변 사람들의 모습이다. 철길 옆 삶의 자리에는 아이들도 많이 보이고 허름한 주택들이 빼곡하게 들어서 있다. 저층의 남루한 건물들이 철길의 기차를 줄기차게 따라오고 있다. 그곳 기찻길 옆 마을에는 어김없이 가난한 사람들의 공간이 들어서 있다. 그곳이 게토는 아니지만 마치 게토처럼 격리된 공간처럼 보인다. 세계 어느 곳이나 기찻길 옆 마을의 시각적 경관은 허름한 주택의 창가와 슬래브 지붕에 매달아 둔 빨랫줄과 그 위에 널어놓은 빨래이다. 방밖으로 내놓아 걸어 둔 옷가지와 이불보는 가난의 아이콘처럼 보인다. 하지만 가난하게 산다고 그곳에 사는 사람들의 삶을 폄하할수는 없다. 실존적인 삶 속에서의 행복은 누구도 알 수 없고 측정할 수 없기 때문이다.

카사블랑카에서 라바트로 가는 고속철도 주변에 보이는 주거 경관을 관찰한다. 키 낮은 주택들이 철길을 따라서 띠를 형성하고 있다. 철길에 가까울수록 집이 더 허름해 보이고, 철길에서 멀어질수록 양호해 보인다. 한눈에 보아도 주택 계층이 나

2장 ★ 다양한 문화와 역사가 공존하는 도시, 라바트

누어져 있음을 볼 수 있다. 집과 집 사이에서 어린 아이들이 신명나게 놀고 있다. 작은 공 하나로도 충분히 재밌게 노는 모습을 볼 수 있다. 고속철도의 철로를 따라서 주거 지역들이 일정 거리마다 나타났다가 사라지기를 반복한다. 양 떼들이 자라는 푸른 초장과 도시 외곽에 자리 잡은 남루한 주택들이 교차하면

■ 기차의 창밖으로 보이는 집들

81

서 나타나고 사라지기를 반복한다. 열차가 카사블랑카와 같은 큰 도시를 지나갈 때에는 남루한 주택 경관이, 농촌 지역을 지날 때에는 푸른 초장과 양떼들이 보인다.

라바트로 가는 고속철도의 차단벽 경계를 보면서 머릿속에 밀려드는 생각이 있다. 우리 사회에서도 철길의 차단벽 못지않게 많은 경계들이 존재한다. 우리는 경계를 지어서 사회구성원 간의 차이를 강요하고 차별을 낳는 행위를 서슴없이 행하곤 한다. 그런 경계 짓기를 통해 경계 안의 사람들끼리는 동질성을, 그리고 경계 밖의 사람들에게는 배타성을 강화한다. 배타적 이질성을 강화하여 동질집단의 이익을 도모할 가능성이 높다. 눈에 보이는, 그리고 보이지 않는 경계는 차별을 동반하기에 경계를 허물기란 참으로 쉽지 않다. 때로는 경계를 문화라는 이름으로 포장하여 차별을 확대 재생산하기도 한다. 이런 경우 우리 자신도 모르게 경계라는 것을 삶의 제도나 관습으로 삼게 될 수 있다. 문화나 제도, 관습 등이 주는 일상의 편안함, 동질감, 연대감은 개인의 사회적 자아를 지배한다. 그것들이 자신을 지배하려 들 때 이 땅에서 개인이 실존적 단독자로 바로 서기는 힘든 일이다. 기존의 지배질서 또는 문화로서 자신의 머릿속을 장악하려는 것에 대한 치열한 자기 검열이 필요하다.

여행자는 그저 눈으로 보이는 것을 보고, 자기의 경험을 토대로 판단하는 습관을 가지고 있다. 그래서 타자의 삶을 함부로

예단하는 것을 삼갈 필요가 있다. 자신의 관점이나 생각만으로 창밖으로 보이는 기찻길 옆 현상들을 제대로 판단하기란 매우 힘들다. 열차 안에 자리한 타자로서 스쳐 지나가면서 바라보고 눈으로 담을 뿐이다. 여행자는 자신이 우월적 지위에 있다는 착각에 빠질 수도 있다. 어리석게도 소시민들의 삶을 폄하할 수도 있다. 여행자는 이런 편견과 오류에 빠지지 않도록 자신을 경계해야 한다. 일반적으로 여행자는 한곳에서 장기간 머무는 경우가 많지 않아서 경험하는 현상들을 심층적으로 파악하는 것이 현실적으로 어렵다. 그래서 심층기술deep description보다는 직관적 사고나 관찰에 의존하는 경우가 많다. 보이는 것이 전부가 아니라는 점을 유념만 해도 여행은 성공적일 수 있다. 눈에 보이는 대로 서둘러 판단하기 전에 이 현상들이 왜 생겼을까? 무슨 의미가 있을까? 등의 물음을 스스로에게 제기한다면 여행자는 직관이 주는 편견과 오류를 상당히 극복할 수 있다.

모로 가도 라바트만 가면 된다

카사블랑카에서 알 보라크AI Boraq 고속열차를 타고서 모로코의 수도 라바트로 향한다. 모로코는 아프리카에서 가장 먼저 고속철도를 건설하였다. 탕헤르에서 출발하여 케니트라, 라바트를 지나 카사블랑카로 이어지는 363킬로미터의 거리이다. 연간 300만 명이 이용하는 모로코에서 가장 분주한 노선이다. 모로코는 프랑스의 지원을 받아 고속철도를 건설하였고, 고속열차도 프랑스의 테제베TGV를 변형하여 만들었다. 고속열차는 대서양을 옆에 끼고서 빠르게 달려간다.

철도는 제국주의 착취의 상징이다. 제국주의 열강들은 근대라는 이름의 철도를 식민지에 건설하려고 혈안이었다. 우리나라의 경인선도 미국에 이어 일본이 철도부설권을 받아 건설되었다. 모로코도 예외는 아니다. 프랑스는 해안 지방을 중심으로 철도를 부설하여 국가의 교통기반을 점령하였다. 프랑스는 근대 교통인 철도를 건설하여 모로코의 네트워크를 장악한 후 사람과 물자의 이동 편리성을 명분으로 식민지인 모로코의 착취를 가속화하였다.

지금도 구도심의 메디나에서는 당나귀를 교통수단이나 물

자의 이동수단으로 사용하고 있고, 동시에 현대 문명인 고속열차를 식민 지배의 장본인인 프랑스의 도움으로 부설하여 운영하고 있다. 프랑스는 원조, 지원 등의 이름으로 고속열차를 부설 및 운영함으로써 후발국의 기술과 경제 종속을 강화하여 지배력을 높이고 있다. 프랑스를 포함한 열강들은 정치적 침략을 통한 지배보다는 기술 이전, 경제 원조 등의 포장된 미끼로 후발국들을 지배하려 했다.

하지만 고속열차를 한번이라도 승차해 본 사람은 열차의 빠름이 주는 편리함으로 강대국의 지배, 매판자본, 종속이론 등의 비판적 사고가 마비를 당한다. 어느 광고 카피처럼 고속열차를 한 번도 안 타 본 사람은 있어도, 한 번만 타 본 사람은 없을 것이다. 사람들은 고가의 요금에도 불구하고 그 비용을 감내하며 고속열차를 이용한다. 열차 회사는 수익을 높이기 위하여 느린 열차와 요금이 싼 열차의 통행 횟수를 서서히 줄여 가기 마련이다. 부디 모로코가 프랑스로부터 많은 그리고 고급의 기술을 이전받길 바란다. 고속열차가 주는 편리함과 편안함을 느끼는 중에 열차가 라바트 빌Rabat Ville역에 한 치의 오차도 없이 도착한다. 공사로 어수선한 기차역을 빠져나와 라바트의 도심으로 걸어 들어간다.

라바트는 모로코의 수도이다

라바트Rabat는 요새를 의미하는 아랍어 리바트Ribat에서 유래하였다. 라바트는 1170년에 북아프리카와 스페인에 이슬람 왕조를 세운 베르베르인 연합체인 알모하드Almohads가 건설한 항구도시이다. 모로코의 수도는 왕조가 바뀔 때마다 마라케시, 라바트, 페스로 이전하였다. 20세기에 들어서서 모로코는 스페인과 프랑스가 분할 지배를 하면서 그들의 식민지가 되었다. 프랑스는 1907년 지중해의 우지다Oujda와 대서양의 카사블랑카를 순차적으로 침략하였고, 1912년 페스에서 불평등조약을 맺어 모로코를 식민지로 만들었다. 그리고 모로코의 수도를 다시 라바트로 이전하였다. 모로코 반군들은 페스에서 프랑스의 지배에 격렬히 저항하였다. 프랑스는 내륙 지방인 페스보다는 해안가의 라바트가 식민 지배를 하는 데 훨씬 유리하다고 판단하였다. 힘없는 물레이 유세프 모로코 국왕은 속절없이 프랑스의 지시를 따를 수밖에 없었다.

프랑스는 라바트에 신도시를 건설하여 국왕의 궁전, 행정 부서 등을 입주시켰다. 프랑스는 모로코를 효율적으로 지배하기 위하여 라바트에 상징적인 왕을 세워 두고 알제리와 북아프

■ 라바트 도심거리

리카를 넘어 아프리카에서의 식민지 건설을 확장해 갔다. 프랑스는 모로코를 지배하자마자 프랑스인들을 이주시키는 등의 정책을 적극적으로 실시하였다. 그 결과 라바트에는 프랑스가 지배한 흔적들이 강하게 남아 있다. 특히 프랑스어는 공식적인 공용어는 아니지만 실용어로 널리 사용되며 베르베르어, 아랍어와 함께 강력한 의사소통 언어로서 자리를 굳건히 잡고 있다. 1956년 프랑스와 스페인으로부터 독립한 후에도 모하메드 5세 국왕은 수도를 라바트로 유지하였다.

지금 라바트는 수도로서의 면모를 갖추고 있다. 넓은 도로와 야자수 가로수가 이국적인 경관을 보여 주고 있다. 광장에서는 모로코 국기가 걸려 있는 우체국, 농업부, 문화부, 관광부 등의 정부 관공서를 볼 수 있다. 그 외에도 하얀색과 갈색의 조화를 이룬 건물, 건물마다 이어지는 회랑, 쾌적한 도시 환경, 광장의 녹색 공간 등이 눈에 들어온다. 수도로서의 위용을 충분히 가지고도 남는다. 라바트는 프랑스의 식민지 유산을 가진 수도이지만 시내 주요 건물의 옥상에 거대한 모로코 국기를 걸어 자국의 자긍심을 세상에 드러내고 있다.

■ 라바트 관공서 거리   ▭ 라바트 우체국

모로코는 다양한 언어를 사용하여
화이부동을 꾀하고 있다

　라바트에서 모로코 문화부를 방문하고 싶었다. 문화부는 모로코의 문화정책을 관장하는 행정부이다. 건물 옥상에는 붉은색 바탕에 녹색의 별을 품고 있는 모로코 국기가 바람에 힘차게 나부끼고 있다. 건물의 2층은 아라베스크 문양으로 장식되어 있다. 문화부 건물의 출입문 상단 중앙에는 모로코를 상징하는 문장이 새겨져 있다. 그 문장에는 모로코의 아틀라스산맥, 수호자인 두 마리의 사자, '신은 신을 돕는 자를 돕는다.'라는 쿠란 구절이 있다. 문장 아래에는 베르베르어, 아랍어, 프랑스어로 문화부라는 글자가 적혀 있다. 세 언어들은 모로코가 다양성을 가진 나라임을 한눈에 보여 준다. 문화다양성을 가진 나라인 모로코 문화부가 수행하는 역할과 기능을 청사 건물의 벽면에 적힌 글귀에서 확인할 수 있다. 거기에는 가장 큰 글자로 문화가 있고, 영화, 사진, 문학, 전통, 고고학, 음악, 미술, 춤, 정체성 등이 있다. 물론 이들도 세 개의 언어로 표현되었다. 모로코는 역사, 인종, 전통, 종교 등이 다양한 민족들로 구성되어 있지만 모로코라는 하나의 나라로 조화를 추구하고 있으며, 더 나아가 베르베르어, 아랍어, 프랑스어를 공용어와 상용어로 인정하면서 화이부동和而不同을 꾀하고 있다.

　문화부 청사의 건물을 장식하고 있는 세 개의 언어를 보면서 문화다양성을 추구하는 모로코를 본다. 하지만 한편으로는 이것이 정치적 수사로 보이기도 한다. 모로코에서는 세 개의 언어를 공용과 상용으로 사용하고 있는데 이는 베르베르족을 아랍인이, 다시 아랍인을 프랑스가 침략과 약탈을 하면서 빚어진 결과이다. 모로코 정부가 모로코 인구의 3분의 1을 차지하는 원주민

■ 라바트 문화부 건물의
　　안내판

인 베르베르족과의 친화를 위하여 베르베르어를 공용어로 인정하는 것은 너무도 당연하다. 그러나 베르베르어의 공용어 인정은 아랍인이 베르베르족에게 보이는 악어의 눈물로 보인다. 약자인 베르베르족에 대한 강압적 정책이 반증이라고 볼 수 있다.

모로코 문화부 청사에 들어서자 안내데스크에서 직원들이 여행자를 맞이한다. 그들은 자신들이 프랑스어만을 말할 수 있다고 한다. 낯선 외국인에게 영어를 할 수 없다는 것을 미리 강조하는 것처럼 들렸다. 정부청사의 안내 직원들이 영어를 하지 못하는 상황이 다소 황당하기도 했다. 44년 동안 프랑스의 식민지배로 모로코인들의 다수가 프랑스어가 주는 편리함에 너무 익숙해져 있다는 생각을 금할 수가 없다. 모로코 문화부 청사에서 프랑스의 식민지 영향이 여전히 계속되고 있음을 실감한다. 여기에 스페인어까지 통용되고 있으니 모로코는 자의든 타의든 간에 다양한 언어가 넘치고 있다는 점에서 언어의 전시장처럼 느껴지기도 한다. 각각의 언어를 바탕으로 한 다양한 문화들이 모로코에서 조화를 이루며 살아가길 바란다. 그러나 한편으로는 언어의 다양성이 문화 정체성에 혼돈을 가져다주지 않았으면 좋겠다. 모로코에서 다수 언어인 아랍어와 베르베르어가 제국 언어인 프랑스어보다 대접을 더 받았으면 한다. 프랑스어의 선호로 행여 문화사대주의가 있지는 않을까 하는 여행자의 걱정이 기우이길 바라본다.

2장 ★ 다양한 문화와 역사가 공존하는 도시, 라바트

모하메드 6세 현대미술관은 모로코의 문화공간이다

　라바트 빌 역에서 5분 정도 걸으면 모하메드 6세 현대미술
관Mohammed VI Museum of Modern and Contemporary Art을 만날 수
있다. 미술관은 모로코 정부가 프랑스로부터 독립한 후 처음으
로 건축한 건물이다. 미술관의 앞마당에는 거대한 아프리카 전
사와 청동 목마가 전시되어 있다. 미술관의 정면은 기둥과 아치
로 구성된 2층 구조물로 장식되어 있다. 미술관의 벽면은 하얀
색에 하산탑 미너렛의 문양을 본뜬 아라베스크 문양이 투각되
어 있다. 미술관에서는 모로코의 현대미술 사조와 특별 전시회
인 사하라 이남의 아프리카를 전시하고 있었다. 이드리시, 이븐
바투타 등의 여행이 있기 전까지 북아프리카의 세계관은 사하
라 사막까지였다. 전시회는 자연의 장벽이라 불리는 사하라 이
남의 아프리카를 하나의 아프리카로 이해하는 과정을 소개하고
있다. 이 전시회에서 사하라 이남 아프리카 원주민의 원초적인
삶을 볼 수 있을 것이다. 아프리카 특유의 선이 굵고 투박한 단
순미가 나타나는 작품들이 하나의 아프리카로서의 정체성을 보
여 준다.

　북아프리카 사람들이 사하라 이남의 아프리카까지 세계관

을 넓히는 데는 오랜 시간을 필요로 했다. 사하라 이남의 아프리카를 포함하여 아프리카 전체를 하나의 대륙이자 삶터로 이해하는 세계관을 갖도록 기여한 사람들은 모로코 출신의 여행가이자 지리학자들이다. 그 유명한 장본인들이 이드리시와 이븐 바투타이다. 이드리시는 지구를 일곱 개의 기후대로 구분하여 상세한 지도를 만들고 『유희』를 써서 아프리카의 세계관을 확장시켰다. 그리고 이븐 바투타는 카이로에서 케냐까지, 그리고 아프리카 서부의 말리까지 사하라 이남의 세계를 여행하였다. 이 전시회에서는 이드리시의 『일반 지리학General Geography』과 이븐 바투타의 『여행기Rihlatu』의 일부를 전시하였다. 전시회에서 지리학자이자 지도학자인 이드리시, 그리고 여행을 하면서 지리학자가 된 이븐 바투타를 소개하는 것은 너무도 당연한 일이다.

아프리카는 오랫동안 북아프리카와 사하라 이남의 아프리카가 분리되어 이원적인 세계를 유지해 왔다. 아프리카에서 사하라 사막을 넘어 남으로 그리고 북으로 이동하는 것은 쉽지 않은 일이었다. 사막이라는 장애물을 극복하기보다는 홍해나 대서양을 이용하는 것이 훨씬 편리하였다. 사하라 사막은 북부 아프리카와 중남부 아프리카를 단절시켜 상호 교류를 하는 데 매우 큰 장애물 역할을 하였다. 사하라 이남과 이북이 서로 만나기 위해서는 고단한 시간을 보내야만 했다. 지금도 사하라 사막

🏛 모하메드 6세 현대미술관
🏛 이드리시의 『일반지리학』　🏛 『일반지리학』의 안내문

은 장벽과 다름없지만 두 아프리카가 아프리카라는 이름으로
하나 되고 조화를 이루어 공생하길 바란다.

　미술관의 2층에서는 아프리카의 현대미술을 전시하고 있다.

아프리카의 현대 사조를 반영한 다양한 설치미술과 빛, 디지털, 구상물 등을 통해 현대 아프리카의 문화를 조명한다. 현대미술관에서 가장 인상적인 공간은 지하에 마련된 체험관이다. 여기에서는 모로코의 미래 세대인 학생들이 아프리카 문화를 체험하며 현장학습을 할 수 있다. 학생들은 다양한 문화 체험을 통하여 미래에 아프리카 문화의 생산자이자 소비자로서 역할을 수행할 것이다. 그리고 아프리카인으로서 자신의 문화 정체성을 저마다의 예술로 승화시킬 것이다. 이곳에서 아프리카 문화를 경험하고 있는 학생들이 마치 아프리카의 문화 전파자로 보였다. 학생들이 모로코인이자 아프리카인으로서 자긍심을 가지고 아프리카 문화를 계승 발전시켜 나가길 마음속으로 기원해 본다.

미술관 지하에는 영화를 상영하는 공간이 있다. 이곳에서는 상영 예정인 영화에 대해서 간단한 설명을 해 주고 있다. 우리나라 봉준호 감독의 영화 〈기생충〉이 상영목록에 있고, 이 영화에 대한 설명글을 게시해 두었다. 2019년 칸 영화제에서 황금종려상을 수상한 이력도 함께 소개해 주었다. 아프리카 모로코의 수도인 라바트에 있는 미술관에서 한국의 영화가 상영되는 것을 보니 기분이 좋았다. 모로코인들이 〈기생충〉을 통하여 한국과 한국 문화를 이해할 수 있길 바란다. 모로코와 한국이 다양한 문화교류로 양국 간의 유대가 보다 긴밀해지기를 바라본다.

모하메드 6세 현대미술관 건물은 북아프리카이자 모로코인들이 선호하는 색상인 하얀색을 띠고 있다. 아프리카라는 정체성이 곧 현대미술의 원초적인 원형질이자 가장 현대적인 예술임을 보여 주는 것이다. 아프리카 문화와 예술의 혼을 다음 세대에게 전수하고 계승하려는 노력도 게을리하지 않고 있다. 그리고 아프리카 문화가 가장 세계적임을 강조하면서도 세계 문화와 예술의 흐름을 인식하는 것도 잊지 않고 있다. 모하메드 6

■ 모하메드 6세 현대미술관 영화 상영 안내문

세 미술관에서 예술작품을 감상하고, 미술관 안의 카페에서 노트북을 열어 공부, 일, 습작, 글쓰기 등을 하는 청년들을 보았다. 그들은 모로코와 더 큰 세계의 주인공이 될 것이다. 이렇게 모하메드 6세 현대미술관은 한 자리에 굳건히 서서 눈에 보이는 기능뿐만 아니라 잠재적 기능도 수행하고 있다.

하산탑과 모하메드 5세 묘소에서
모로코의 역사와 문화를 사유하다

라바트의 신도시에서 프티 택시를 타고 구시가지인 메디나로 갔다. 많은 도시가 하천의 하구에서 발달하였듯이, 라바트의 메디나도 기원전 300년 부레그레그강의 하구에 세운 첼라Chellah에서 시작하였다. 그 후 로마제국이 기원후 40년부터 250년까지 첼라를 정복해서 지배하였고, 250년 이후에는 베르베르족이 이 도시를 지배하였다. 시간이 많이 흐른 1146년에 알모하드 왕조의 압드 알무민이 스페인을 공격하기 위한 전초기지로서 대서양 연안의 라바트를 요새화하였으며, 알모하드 왕조의 야쿱 알만수르 Yakub al Mansur, 즉 알모하드 칼리프가 라바트로 수도를 이전하고 우다이아Oudaia 카스바를 건설하였다. 알만수르왕은 이베리아반도 톨레도왕과의 알라코스 전투the Battle of Alarcos에서의 승리를 기념하기 위하여 이슬람의 성전인 모스크를 대대적으로 짓기 시작했다. 그러나 모스크를 건설하던 중에 야쿱 알만수르가 죽었고 성전 건설은 라바트에서 중단되었다. 그 결과 지금 그곳은 미완성의 모스크 터로 남아 있다.

하산탑은 알모하드 왕조가 부레그레그강 변의 넓은 평지에 모스크를 건설하려다 완성하지 못한 미너렛이다. 그렇지만 하산탑 미너렛은 유네스코 세계문화유산에 등재되었고 라바트를 유명하게 만든 일등공신인 랜드마크이다. 이 미너렛은 붉은색의 사암 벽돌로 건축되었고, 한 변이 16미터인 정사각형으로 높이가 44미터이다. 현 높이가 이 정도이니 원래 계획했던 높이가 얼마나 높았을까는 짐작하고도 남는다. 미너렛의 벽면에는 아라베스크 문양을 부조로 표현해 두었고 이슬람교의 신앙심을 보여 주는 아치문도 보인다. 하산탑은 마라케시 쿠투비아 모스크의 미너렛으로, 다시 스페인 세비야에 있는 히랄다 미너렛으로 계승되어 오늘에 이르고 있다. 그리고 하산탑 주변에는 미처 다 쌓지 못한 거대한 둥근 주랑 348개가 오열을 맞추어 늘어서 있다. 탑 주변 광장에는 분수대가 있고, 외곽에는 황토색의 퇴적암으로 만든 여러 개의 성벽이 남아 있다. 성벽의 겉 부분은 퇴적암과 벽돌로, 그리고 성벽의 안쪽은 황토를 채운 후 다져서 건축하였다. 지금은 단단한 성벽도 세월의 풍상으로 부서지고 일부 남은 성벽의 잔재가 벽의 구조를 말해 준다.

하산탑의 입구에는 두 명의 기마병이 말을 타고서 보초를 서고 있다. 붉은 제복, 하얀 망토, 파란 터번을 갖춰 입은 병사들이 입구를 지키고 있다. 입구의 기마병은 미완성의 하산탑을 지키는 것이 아니라 같은 공간에 위치한 모하메드 5세의 무덤을 지키기 위함이다. 모하메드 5세는 프랑스 식민 지배에 저항하며 모로코의 독립운동을 이끌었고, 국민들의 존경을 한몸에 받았다. 그리고 1956년 왕위에 오른 후 모로코의 근대화를 위하여 헌신하였다. 모로코의 위대한 왕인 그의 무덤이 이곳에 있다. 하얀 대리석으로 외관을 치장한 화려한 무덤이다. 무덤 건물의 문안으로 들어가면 모하메드 5세의 하얀 관이 정중앙에 안치되어 있다. 무덤 안의 네 개의 벽면에는 3단의 기하학적 문양으로 장식을 해 두었다. 모하메드 5세 묘소의 지붕은 곡식을 상징하는 녹색으로 장식하였고 그 뒤에 놓인 세개의 둥근 원은 이슬람, 쿠란, 알라를 의미한다. 모하메드 5세의 묘소는 베트남의 건축가인 토안 Cong Vo Toan이 설계하여 1971년에 완공하였다. 베트남 건축가가 그의 무덤을 설계한 데에는 모하메드 5세에게 프랑스에 대항하여 독립운동을 한 역사가 있듯이 베트남에도 프랑스와의 질긴 전투 끝에 승리한 역사가 있었기 때문이라 생각한다.

모로코인들이 존경하는 모하메드 5세 왕의 묘소에서 이슬람

🔲 하산탑 전경　🔳 하산탑 입구 기마병

신앙과 문화에 대해 생각해 본다. 묘지 안의 천장과 주변 장식은 화려한 이슬람 문화의 정수를 보여 주고 있다. 과거 왕조시대의 무덤들은 당시 국가의 최첨단 문명과 문화를 반영한다. 모하메드 5세의 무덤은 현대 모로코의 국격을 충분히 짐작하게 한다. 묘소의 문양은 화려함을 추구하면서도 절제를 담아 치장되어 있다. 이슬람 문화에서 곡식을 의미하는 녹색을 적절하게 활용하여 아라베스크 기하 문양을 거듭해서 그렸다. 이는 이슬람 문화가 이콘icon을 사용하지 않기 때문이며, 이콘이라는 우상을 만들어 알라신을 욕보이지 않도록 하기 위함이다. 모로코인들은 이콘 대신 반복적인 기하 문양으로 알라에 대한 신앙심을 드러냈고, 더불어 비구상을 이용해 추상적인 아름다움을 단순하게 표현하였다.

하산탑과 모하메드 5세 왕의 묘소에서 모로코에 대해 곰곰히 생각해 본다. 톨레도왕과의 전투에서 승리하여 무어인들이 이베리아반도를 호령할 수 있는 기틀을 마련한 야쿱 알만수르왕과 프랑스로부터 독립을 쟁취한 후 모로코의 발전을 꾀했던 모하메드 5세 왕은 서로 닮아 있다. 모로코인들은 모로코를 사랑한 두 왕의 치적을 칭송한다. 강한 모로코를 지향했던 왕들의 치적을 이곳 하산탑, 웅장한 주랑, 화려한 왕의 무덤 등에서 확인한다. 모로코는 이곳의 유적을 통하여 모로코의 정신과 문화를 세계인들과 나누고 있다.

██ 모하메드 5세 묘소 전경   ██ 모하메드 5세의 관

카스바에는 카스바의 여인이 없다

카스바 하면 대중가요 〈카스바의 여인〉이 떠오른다. 함중아라는 가수가 허스키한 목소리로 들려주는 카스바의 여인의 노랫말이 상상력을 자극한다. '담배 연기', '슬픈 여인', '춤', '외로움', '눈물' 등의 노랫말은 카스바에 대한 이미지를 머릿속에 그리게한다. 이 노래보다 먼저 발표한 패티 김의 〈카스바의 연인〉에서도카스바를 다루고 있다. 함중아의 〈카스바의 여인〉보다 훨씬 이슬람 요소를 직접적으로 표현한다. '나그네', '사랑', '하룻밤의 불장난', '알제리아', '사연', '뒷거리의 여인' 등은 카스바의 여인을 슬프게 다룬다. 아마도 이 노래의 카스바는 '알제리아'의 카스바로보인다. 노래의 가사를 떠올리면 카스바의 풍경이 머릿속에 절로그려진다.

어서 이곳이 카스바의 여인이 사는 슬픈 장소인지를 확인해보고 싶어 곧바로 카스바 우다이아Kasbah des Oudaia로 간다. 카스바는 방어를 목적으로 1195년에 지은 성채이다. 우다이아 카스바에는 해자가 필요 없어 보인다. 이곳에는 감히 기어오를 엄두도 내지 못할 만큼의 높은 벽이 있다. 부레그레그강의 해안절벽이 자연스럽게 해자 기능을 하는 것이다. 카스바는 대서양

을 품은 성채이다. 카스바의 요새는 모든 적의 동태를 감시하고
도 남을 위치에 입지해 있다. 카스바는 군사적 목적에 충실하여
전시에는 국가와 주민들을 보호하는 기능을 한다. 또한 평화 시
에는 행정의 기능을 수행하는 권력의 본산이 되어 통치 기능을
한다. 해안 절벽 위에 건설한 카스바를 감히 공략하기란 쉽지
않아 보였다. 카스바 성채의 망루에 놓인 대포가 대서양을 향하
고 있다. 카스바 망루와 광장의 대포들은 대서양 바다와 하천을
따라 내륙으로 들어오는 적군이나 해적을 경계하기 위하여 설

■ 카스바 우다이아의 성채

치된 것이었으나, 현재에는 카스바의 장식물이 되어 이곳이 성채였음을 조용히 말해 주고 있다.

프랑스의 지배를 받은 이후로 카스바 우다이아는 더 이상 요새가 아니었다. 요새로서의 기능을 상실하였다. 카스바의 광장 너머로 보이는 대서양이 평온해 보인다. 밀려온 파도가 백사장에서 하얀 포말로 부서지는 것을 광장에서 바라보는 것만으로도 마음에 평안이 깃든다. 대서양과 부레그레그강이 만나는 지점인 하구에는 모래사장이 형성되어 있다. 카스바 아래 해안가에는 해안 사구와 사주가 발달해 있고, 그 끝에 이곳이 모로코 땅임을 세상에 알리는 붉은색의 모로코 국기가 대서양을 향해 힘차게 펄럭인다. 카스바의 하구에서 멀지 않은 곳에 항구가 있다. 하천으로부터 토사 유입을 방지하기 위한 시설도 보인다. 작은 방파제가 바다 쪽으로 길게 건설되어 있고, 카스바의 반대편인 강 건너에 도시가 데칼코마니처럼 자리하고 있다. 아직 카스바 아래 해안가는 자본가의 탐욕으로 난개발이 이루어지지 않은 상태라 자연환경이 잘 보존되어 있다. 카스바 아래의 왼쪽 해변에는 작고 하얀 등대가 서 있는데, 배가 바다에서 항구로 들어올 때 수심이 깊은 갯골을 안내하는 역할을 하는 동시에 거친 파도와 수심이 낮은 해안을 조심하라고 주의를 주는 역할을 한다. 등대 옆으로 공동묘지가 보인다. 카스바 아래에서 삶을 살아온 사람들이 이 묘지에 잠들어 있다.

🔳 카스바에서 본 해안 마을과 대서양　🔳 카스바에서 본 강 건너 풍경

카스바의 오래된 성채 안에는 모스크가 있다. 모스크는 입구 계단 위에 우뚝 서서 위용을 자랑한다. 황토색 벽돌을 차곡차곡 쌓아 만들어서 강렬한 인상을 준다. 높지 않은 미너렛은 카스바가 높은 곳에 위치하고 있어서 그 기능을 하는 데 충분해 보였다. 이곳 모스크는 12세기에 건축되어 라바트에서 가장 오래되었으나 속절없이 파괴되고 말았다. 아이러니하게도 후에 영국 해적의 재정 기증으로 다시 복원되었다. 2012년 모스크를 포함한 카스바는 유네스코 세계문화유산으로 등재되었다.

이슬람교를 믿는 사람들이 사는 곳에 모스크가 있는 것은 너무도 당연한 일이다. 서구 기독교도들이 마을 한가운데 교회당을 짓고 마을을 조성한 것과 같은 이치이다. 자신들이 가장 소중히 여기는 믿음이나 가치를 우선적으로 존중하는 행위는 너무도 당연한 처사이다. 종교는 공동체가 하나를 이루는 데 중요한 기능을 한다. 또한 종교를 배경으로 형성된 공동체는 그 근거를 눈에 보이지 않는 초월적인 존재인 신에게 두고 있어서 유대감이 남다르고 공동체의 지속 가능성도 매우 높다.

카스바의 모스크에서 이슬람의 어원인 평화를 생각해 본다. 이슬람교도들은 이 땅에서 신앙인으로서 오주육신五柱六信 즉 다섯 가지 의무와 여섯 가지 믿음을 지켜서 내세의 평화를 찾고자 한다. 여기서 오주는 신앙선언, 예배, 희사(구빈세), 단식, 성지순례이고, 육신은 하나님, 천사, 경전, 사도와 예언자들, 정명

定命, 최후 심판의 날을 믿는 것을 의미한다. 이슬람 종교에 대한 편견은 기독교와 이슬람교 간의 정복과 침략의 역사와 관련이 깊다. 기독교는 십자군 전쟁 등을 통하여 이슬람교도에 대한 편견을 강화하면서 침략의 정당성을 찾으려 했고, 이슬람교는 이베리아반도와 지중해 일대 등으로 제국을 확장하면서 배타성을 강화하였다. 기독교와 이슬람교는 종교와 정치를 결탁하여 상호 불신과 상호 배척의 이데올로기를 만들었으며 자신들의 이익을 위해 이를 확대 재생산해 오고 있다. 우리는 어느 종교를 믿든지 간에 종교근본주의를 경계할 필요가 있다. 종교라

■ 카스바 우다이아의 입구

는 이름으로 인간의 이성을 마비시키고 종교의 근본인 사랑과 평화를 망각하게 하여 결과적으로 신도들을 우민화한다. 카스바 우다이아의 모스크에서 평화롭고 아름다운 대서양을 바라보면서 마음의 평온함을 얻는다. 카스바 모스크의 벽에 기대어 서서 신의 형상대로 지음 받은 사람들이 서로 존중하며 조화롭게 살아가길 기도한다. 아마도 춤추는 카스바의 여인도 서로 사랑하며 살아가는 세상을 꿈꾸었을 것이다.

카스바의 커다란 성벽에도 드나드는 문은 있다. 물 샐 틈도 없어 보이는 철옹성일지라도 사람과 물자가 드나들 수 있는 문이 있다. 카스바의 우다이아 문을 통하면 성안으로 들어갈 수 있다. 카스바 안에는 작은 마을이 있다. 황토색의 벽을 따라 작은 주택들이 들어서 있고 좁은 골목의 벽은 아래에는 파란색, 위에는 하얀색으로 칠해져 있다. 일교차가 큰 건조기후의 저녁 추위를 견디기 위해 담요를 벽에 걸어 햇빛에 덥히고 있다. 오가는 손님들에게 팔기 위한 아프리카 특유의 원색으로 그린 그림들 또한 벽에 걸려 있다. 코발트블루에 가까운 짙푸른 파란색은 사람들의 눈을 시원하게 해 준다. 작은 기념품 가게에서는 그림엽서, 소품, 아이스크림, 과자 등을 판다. 골목길에는 꽃나무를 심은 항아리 화분들이 있다. 집주인들이 상록수를 심은 화분들로 돌담과 회칠로 삭막한 골목에 생명을 불어넣는다. 수도꼭지가 있는 작은 급수대는 타일로 장식되어 있다.

▭ 카스바 골목의 풍경   ◾ 카스바 골목의 그라피티

111

카스바 내의 파란 마을에는 작은 서점, 카페, 문학관, 미술관, 호텔 기능을 동시에 수행하는 장소가 있다. 건물 입구의 벽면에는 다양한 표정의 인물들을 그라피티로 그려 놓았다. 각기 다른 표정을 가진 사람들의 모습으로 인생사의 희로애락을 표현하고 있다. 건물 안으로 들어가니 주인이 그린 그림을 판매하는 전시 판매대가 보였다. 가게 한편에는 커피와 잡지를 파는 공간이 있었으며, 건물의 2층은 호텔로 사용하고 있었다. 이 모든 것을 수행하기에는 너무 좁은 장소이지만 주인은 이 건물을 다목적으로 운영한다. 파란 마을에는 사람들이 사는 데 필요한 것들을 공급하는 작은 가게들이 곳곳에 자리하고 있다. 파란마을의 골목을 몇 번 휘감아 돌자 카스바의 광장과 모스크가 기다리고 있다.

〈카스바의 여인〉이라는 노래로 여행을 시작한 이곳 우다이아 카스바에는 카스바의 여인이 없다. 우수에 잠긴 여인도 없다. 담배연기 가득한 카페도 없다. 카스바, 모스크, 요새, 대포, 마을, 파란색, 이슬람 등이 있을 뿐이다. 이곳에서 사는 사람들이 모두 카스바의 여인이다. 오늘을 절박하게 그리고 정열적으로 사는 사람들이 카스바의 여인이다. 그 여인이 사랑에 충실하며 오늘을 살아 냈듯이 우리도 오늘을 살아 내고 있다. 짙은 황토색의 카스바에서 벽돌만큼이나 단단한 삶을 살아온, 살아가는 사람들이 카스바의 여인이다.

2장 ★ 다양한 문화와 역사가 공존하는 도시, 라바트

■ 카스바 골목의 서점 겸 카페 모습

안달루시아 정원에서 이민자를 생각하다

　카스바의 성벽 위에 적을 감시하고 공격을 하는 데 적합한 구조의 요철을 가진 망루가 있다. 카스바는 두텁고 높은 성벽만으로도 압도적인 위용을 보인다. 알 마르사Al Marsa 거리를 건너서 카스바에 도착하면 곧바로 안달루시아 정원Andalusian Garden이 나온다. 정원에는 건조기후에서 잘 자라는 오렌지, 올리브, 종려나무 등이 있다. 정원의 가운데에는 작은 분수가 있다. 과거에는 어느 가문의 중정 역할을 했을 법한 공간이다. 이곳 정원은 상대적으로 찾는 사람들이 적어서 고양이들이 이곳의 주인 행세를 하고 있다.

　이곳은 부레그레그강의 경관을 감상할 수 있는 의자들이 곳곳에 있다. 기념품과 잡화를 파는 작은 가게가 있고 강의 경치를 감상하며 커피와 간단한 식사를 할 수 있는 카페도 있다. 계단을 타고 내려가면 강 아래로 갈 수 있다. 강으로 내려가는 길목에서 성채의 웅장함과 견고함을 목격할 수 있다. 현지 사람들이 자주 찾는 곳이 아니어서 카스바의 안달루시아 정원은 밤에 방문하기에는 위험한 장소일 수 있다. 밤의 조명은 가스등과 같은 황토색 불빛이어서 고즈넉함을 배가시킨다.

▬▬ 안달루시아 정원과 고양이   ▬ 안달루시아 정원의 담벼락

카스바의 견고한 성채로 갈 곳을 잃은 사람들이 지중해를 건너서 몰려왔다. 이베리아반도의 안달루시아에서 성장한 무어인들이 터전을 잃고서 속절없이 지중해를 넘어왔다. 무어인들은 북아프리카에서 이베리아반도로 중심 세력을 이전한 후 오랫동안 안달루시아 지방을 지배하였다. 그러나 역사에는 흥망성쇠가 있는 법이다. 무어인들은 그들이 지배하던 안달루시아를 떠날 때가 되었다. 그곳의 이슬람교도들은 모든 것을 버리고 떠나거나 죽임을 당해야 했다. 그곳에 남아 죽을 수는 없어서 그들은 과감히 그리고 미련 없이 지중해를 건너 모로코로 돌아왔다. 그러나 그들을 반기는 곳은 없었다. 같은 아랍의 후예이지만 먹고사는 문제는 다르기 때문이다. 목숨을 부지하며 조국으로 돌아왔건만 그들은 조국 안의 디아스포라일뿐이었다. 디아스포라의 이념은 생명을 지켜 살아남는 것이다. 그들은 도시의 빈민 지역으로 파고들 수밖에 없는 처지였다. 그중 한 곳이 카스바의 구석자리였다. 그들은 안달루시아 정원을 만들어 디아스포라로서 곤궁한 삶을 살아가고 있으나 마음의 고향인 안달루시아를 그리워했을 것이다. 이베리아반도의 안달루시아에 건설한 알람브라 궁전을 기억하며 살았을지도 모른다. 현재에는 비록 카스바의 구석자리에 안달루시아 정원을 만들었지만 디아스포라인 무어인들은 이를 알람브라 궁전만큼 소중하게 여겼을 것이다. 그리고 지금은 곤궁한 생활을 할지라도 이내 이곳에서 새롭게 정착하여 그들의 알람브라 궁전을 짓고 싶었을 것이다.

요즘 모로코인들은 지중해를 넘어 이베리아반도로 건너가고 싶어 한다. 현실적으로 지중해를 넘기란 쉽지 않다. 그럼에도 많은 모로코 사람들은 모로코 안의 스페인 땅인 세우타의 국경을 넘으려고 한다. 특히 모로코에서 고단한 삶을 살고 있는 사람들이 스페인 국경을 넘어 자발적인 디아스포라가 되고 싶어 한다. 이래저래 살기 힘든 사람들은 디아스포라라도 되어 더 살기 좋은 땅으로 들어가려 하는 것이다. 하지만 분명한 것은 디아스포라는 어느 곳에서나 사회적 약자라는 점이다. 사회적 약자인 디아스포라에게는 어느 곳으로 가든지 고단함 이상의 힘든 생활이 기다리고 있다. 그럼에도 그들이 디아스포라가 되어 새로운 곳으로 가려는 것은 지금 사는 곳이 지옥 같기 때문일 것이다. 카스바의 오래된 벽면에 기대어 서서 과거와 현재의 모든 디아스포라의 고단한 삶을 걱정해 본다.

모하메드 5세 거리에서 일상의 삶을 보다

카스바 우다이아와 안달루시아 정원에서 빠져나와 라알로우 거리Laalou Avenue를 따라서 10여 분 걸어가면 메디나 안의 모하메드 5세 거리가 나온다. 자동차 시대에 들어서면서 도로를 개설하기 위하여 메디나의 성벽을 일부 헐기도 하였지만, 메디나의 성벽과 내부 구조는 잘 보존된 편이다. 라바트의 메디나는 모로코의 여느 메디나와 달리 직선도로가 많이 있다. 모하메드 5세 거리를 따라서 상대적으로 넓고 직선으로 이루어진 도로가 쭉 뻗어 있다. 도로 바닥에는 작은 타일을 깔아 먼지 등이 날리는 것을 방지하였다. 길거리는 여행자로는 보이지 않는 사람들로 빼곡하다. 아마도 현지 주민들이 저녁 식사를 준비하러 장을 보러 온 것으로 보인다. 메디나의 성문 아래에서 분주하게 오가는 사람들을 엿보는 재미가 있다. 이것이 타지를 찾은 여행자의 특권일 것이다. 분주히 움직이는 사람들 사이에서 잠시 걸음을 멈추고 자기만의 시각으로 사람들을 바라볼 때, 그 지점에서 자신을 바라보는 계기가 생긴다. 누구도 나를 알지 못하고, 나 또한 어떤 시선도 의식하지 않는 자유를 누릴 수 있다. 그러나 메디나에서 너무 궁상맞게 앉아 있으면, 금세 낯선 자를 속이려는 사람들의 표적이 될 수 있으니 경계를 늦춰서는 안 될 것이다.

　라바트 모하메드 5세 거리는 일상이 살아 있는 거리이다. 거리는 즐비하게 들어선 가게와 도로를 점유하고 있는 노점상들로 북적인다. 노점상들은 길거리 음식, 잡화, 채소, 과일, 과자 등을 판매하였다. 공산품은 주로 점포를 가진 상점에서 판매한다. 대부분의 가게가 단층이고 건조기후의 강한 햇볕이 가게 안으로 들지 않도록 차양을 쳤다. 가게마다 여느 시장에서 볼

■ 모하메드 5세 거리의 상가 모습

수 있는 모든 것을 팔고 있다. 의식주에 필요한 생필품은 대동소이하다. 하지만 생필품을 판매하는 메디나의 가게들에서 문화의 다양성을 확인해 본다. 사람들의 생활 양식을 잘 보여 주는 것은 먹을거리다. 시장에서 먹거리를 파는 곳은 가장 생기가 있다.

여행자에게 문화의 차이를 잘 보여 주는 것은 과일, 향신료, 음식, 생선 등이다. 이곳에서는 지중해 건조기후의 과일을 쉽게 볼 수 있다. 오렌지, 레몬, 귤, 금귤 등과 같은 주황색 계열의 과일들이 눈에 들어온다. 주황색 자체가 눈에 잘 띄고, 과거에 먹어 본 경험이 여행자의 침샘을 자극한다. 우리나라 슈퍼마켓에서 파는 과일처럼 겉모습이 좋은 것은 아니지만 껍질 안의 과육은 그 맛을 보장하고도 남는다. 향신료를 고깔처럼 쌓아 올린 가판에서는 빨강, 노랑, 녹색 등의 원색이 눈길을 끈다. 강한 향신료 냄새가 여행자의 후각을 마비시킨다. 원색이 주는 화려함은 사진으로 담을 수 없을 정도로 아름답다. 생선 또한 눈에 띈다. 일단 메디나의 생선은 크다. 좌판에는 다랑어 등의 커다란 생선들이 진열되어 있다. 현란한 붉은 계통의 생선들도 시선을 사로잡는다. 메디나의 시장에는 먹을거리가 가득하다. 먹고사는 것은 삶의 본질이어서 그 본질에 충실하고자 사람들은 오늘도 시장에서 물건을 팔고 값싸고 좋은 먹을거리를 사고 있다. 라바트의 메디나에서 모로코 사람들의 일상을 보면서 나의 일상을 돌아본다.

메디나의 성벽을 따라 걸으면서 거리에서 장사를 하는 사람들을 본다. 상인들에게서 강한 활력이 느껴진다. 이곳 메디나의 상인도 마찬가지이다. 큰돈을 벌지 못할 수도 있지만, 가족을 부양하기 위하여 장사를 한다. 상인들은 물건을 팔아 이윤을 남겨서 삶을 이어 간다. 그 일이 고단하더라도 그들의 곁에는 가족이 있어 행복할 것이다. 웃음소리나 손님을 부르는 소리를 듣고만 있어도 그들의 행복을 가늠할 수 있다. 거기에 삶을 살아가게 하는 원동력이 있다. 장사꾼들은 그들의 거친 화법만큼이나 강한 생명력을 가지고 살아간다. 오늘 같은 내일이 있기에 그들은 다시 메디나의 가게와 노점으로 향한다. 이래서 시장은 단순히 소비자와 상인이 만나는 곳을 넘어서서 전쟁 같은 사랑으로 가득한 삶이 펼쳐지고 있는 곳이다. 메디나의 시장에서 여행을 마치고 일상으로 복귀하면 나의 일과 가족을 더 치열하게 사랑하고 싶다는 다짐을 해 본다.

메디나의 시장을 지나 성벽을 따라서 걸으니 어느덧 라바트빌 기차역으로 가고 있다. 모하메드 5세 거리의 끝에 정부청사 등의 관공서, 각국 대사관, 국책은행, 국립극장 등이 집중해 있다. 이곳은 모로코 권력의 중심지이자 국가 권력의 상징을 고스란히 안고 있는 곳이다. 때론 광장이 국가 권력의 위용을 보여 준다. 가운데에 잔디 광장을 두고 양옆에 야자나무 가로수와 인

도가 있다. 광장의 분수대가 눈에 띈다. 광장은 주로 권위주의
시대에 만들어진 것이지만, 민주사회로 오면서 시민들이 집회
하기에 좋은 장소가 되었다. 모로코의 권력을 상징하는 공간에
서 많은 시민들이 산책을 한다. 점심시간을 이용하여 거리로 나

■ 모하메드 5세 거리의 광장

2장 ★ 다양한 문화와 역사가 공존하는 도시, 라바트

온 근무자들이 벤치에서 휴식을 취하고 있다. 모로코의 하산 2세 국왕은 독재 시대를 열어 국가라는 이름으로 자신의 권력을 국민보다 우위에 두었다. 하지만 현재 모하메드 6세 국왕은 민주사회를 지향하는 정책을 폈고 그 덕에 시민들은 자신들의 삶의 질을 위하여 목소리를 내는 데 당당하다. 모하메드 5세 거리의 양끝에 과거 권력의 장소인 카스바가 있고 오늘날 국가 권력과 시민 권력의 장소인 광장이 있다.

라바트에는 구시가지인 메디나와 신도시인 관공서 광장이 존재한다. 메디나 시장의 사람들은 활기를 잃지 않고 살아간다. 오늘을 내일로 잇대어 열심히 생활하면서 스스로 살아 있음을 증명하고 있다. 반대편의 신도시에서는 현대 민주사회에서 나도 살고 싶다고 외치며 스스로 살아 있음을 드러내고 있다. 그 양태가 어떻든지 간에 살아 숨 쉬는 자는 자신의 삶을 스스로 돌보아야 한다. 물론 다른 사람과 연대하여 돌본다면 그 효과는 보다 클 것이다. 앞으로를 살아갈 사람들을 라바트 도시의 한 모퉁이에서 응원해 본다.

라바트 여행을 마치면서

라바트는 강의 하구에서 발달하여 모로코의 수도가 되었다. 라바트는 근대에 들어와서 프랑스의 식민 지배를 받았고 이 때문에 프랑스 문화에 익숙해 보였다. 프랑스어를 아랍어만큼 애용하는 것으로 보아 아직도 프랑스의 문화적·경제적 지배가 강하게 작용한다는 것을 확인해 본다. 그러나 한편으로 모로코는 국가 정체성을 강화하여 가장 모로코다운 역사, 정치, 문화 등의 자부심을 높이고자 노력하고 있다. 라바트 정부청사 앞의 광장만큼 모로코의 영욕을 보여 주는 곳은 드물 것이다. 라바트는 메디나의 골목과 시장, 카스바의 요새, 하산탑, 모하메드 5세 등으로 대표되는 모로코의 정체성을 드러내는 동시에 프랑스 식민 지배, 신도시, 고속열차, 도시구조 등에서 프랑스의 그림자를 여전히 간직하고 있는 도시라고 할 수 있겠다. 라바트는 반제국주의를 외치면서 무어인들의 선조가 안달루시아를 지배하여 이룩했던 영화로운 시대의 복원을 꿈꾸고 있다. 아직 모로코는 라바트에서 본 미완성의 하산탑처럼 미완의 나라다. 모하메드 5세는 베트남 건축가가 만든 자신의 무덤을 하산탑 한편에 두어 모로코의 안녕과 발전을 염원하고 있다. 북아프리카 마그레브 지역을 선도하는 나라로서 미래의 발전을 도모하는 것이다. 라바트의 카스바에서 지중해를 넘어 대서양으로 나가고자 한 모로코가 스스로 자신의 역사를 만들어 가길 바라본다.

라바트에서 모로코의 과거와 미래를 동시에 보았다. 이제 기차를 타고 모로코의 옛 수도인 페스로 향한다.

3장 ☆
알록달록한 미로 도시,
페스

Spain

Mediterranean Sea

Atlantic Ocean

Rabat

Fes

Casablanca

Morocco

Atlantic Ocean

Morocco

Western Sahara

Algeria

라바트에서 페스로 가는 길

라바트에서 고대 도시인 페스로 가기 위하여 라바트 빌 기차역으로 간다. 이곳은 모로코 내륙으로의 여행을 떠나는 출발지이다. 모로코를 여행하는 사람들은 많지 않았고, 아시아인들은 더욱 드물었다. 여행을 하다 보면 어디에서나 여행자들을 시험에 빠지게 하는 사람들이 존재한다. 이곳에서는 한 역무원이 여행자를 시험한다. 흔한 방식 중의 하나는 화폐 단위를 속이는 방식이다. 현지의 화폐 단위를 달러나 유로로 계산하여 결제를 한다. 이곳 역무원도 아무런 표정 없이 바가지요금을 청구한다. 잘못된 결제를 옥신각신 따지니, 뒷자리에 앉아 있는 상사로 보이는 직원이 곧바로 해결한다. 다시 낯선 곳의 여행에서 정신을 바짝 차린다. 출발이 조금 힘들었지만 페스로 가는 여행길만으로도 행복하였다.

기차는 철길을 통하여 세상을 이어 주는 수단이다. 철길을 따라 다양한 삶의 경관이 나타난다. 철길은 해안의 주요 도시인 카사블랑카와 라바트 등을 내륙 도시와 이어 주고 있다. 도로 사정이 여의치 않은 산간 내륙으로 이어지는 철길은 사람과 물자를 실어 나르는 기능을 한다. 페스로 가는 철로는 산을 뚫거나 넘어서 개통하기가 힘들어 하천 주변 평지 위에 부설되었다. 열차는 산과 산 사이의 계곡을 따라 강을 거슬러 올라간다. 가는 길에 마을을 만나면 작은 정거장을 만들어서 사람과 물자를 싣고 간다. 열차는 철로와 부딪치며 쇳소리를 내고 덜컹거리며 모로코의 산간 지방을 넘어간다.

열차가 힘들게 내륙으로 달리는 동안 모로코의 산지를 볼 수 있었다. 숲이 없는 초지가 펼쳐져 있다. 오랜 세월 동안 산지는 초지로 개간되었을 것이다. 이곳 사람들은 개간한 산지에 밀 농사를 지어서 삶을 살아가고 있다. 경사지의 넓은 초지에서 밀을 생산하고 가족의 몫을 남겨 둔 뒤 잉여 농산물을 팔아 자녀들을 가르치며 살아가고 있을 것이다. 때론 삶이 고단할지라도 우리가 지치지 않고 사는 것은 부양의 의무만은 아니다. 그 의무 너머에 가족과 자녀들이 함께 주고받은 행복이 있어서이다. 그리고 가족의 부양을 의무로 여기지 않는 부모의 사랑을 통하여 인류는 이 땅에서 생명을 이어 가고 있다. 열차의 창문 너머로 두 마리의 말이 밭에서 쟁기를 끄는 풍경이 눈에 들어온다. 농부는 양손으로 쟁기를 굳게 붙잡고 밭을 갈고 있다. 21세기에 쟁기로 밭을 가는 모로코 농부의 모습에 갑자기 부모님 초상이 겹쳐 보였다. 거친 농사를 지으면서도 자식 앞에서 힘들다는 말을 한마디도 하신 기억이 없다. 아버지는 힘든 농사의 고단함을 막걸리 한 주전자, 부부 싸움 한판, 그리고 평상마루에 몸을 맡긴 채 드러눕는 것으로 대신했을 것이다. 자식에게 최선을 다하고도 더 해 주지 못한 미안함으로 멋쩍게 웃던 부모님의 얼굴이 떠오른다.

고대 도시 페스로 가는 길에 밭에서 농사일을 하는 농부가 아버지에 대한 기억을 소환하고 말았다. 아버지는 농사일을 하셨다. 광활한 호남평야의 언저리인 일명 번개 들에 새벽녘부터 나가 일을 하셨다. 쟁기를 지게에 메고 다녔다가, 세월이 흐른 후에는 쟁기를 짐 자전거에 싣고 소를 앞세워 논으로 갔다. 익숙하게 소의 어깨에 쟁기를 걸고 아침 해가 뜨기 전에 벌판에서 홀로 논을 갈아엎었다. 나이를 먹고 철이 들면서 아버지를 이해하기 시작하였다. 아버지가 하루도 게을리 살지 않았음을 너무도 늦게 알았다. 봄이 오기 전, 벼농사를 짓기 위해서는 논바닥을 깊게 갈아엎어야 했다. 심경深耕을 해야 겨우내 묵은 논의 지력을 높일 수 있다. 아버지는 늘 봄이 되기 전에 논을 쟁기로 갈아엎어 주는 일을 하였다. 소는 목에 멍에를 멘 채 쟁기를 끌고 앞으로 나간다. 거친 숨을 몰아쉬는 소의 걸음이 더디다. 아버지는 소에게 힘을 내도록 "이랴!"라며 추임새를 넣곤 했다. 아버지와 소는 일심동체가 되어 고된 일을 하였다. 농사일을 하면

▬ 페스로 가는 길에 보이는 농촌 풍경 　▬ 쟁기로 경지를 가는 농부

서 소의 무릎처럼 아버지의 무릎 연골도 약해져 갔다. 뼈와 뼈가 부딪히는 고통이 온몸의 신경으로 전해졌다. 아직도 말이 쟁기를 끌고 밭갈이를 하는 풍경을 모로코에서 바라본다. 창밖의 경관에서 눈을 뗄 수가 없다.

초겨울의 날씨에도 초지에는 초록이 무성하다. 산지의 구릉들이 높은 산을 배경 삼아 나타나기를 반복한다. 밭으로 개간한 구릉의 낮은 곳에서는 침식이 심하여 도랑이 곳곳에 형성되어 있다. 계곡 아래에서는 하천이 곡류하고 침식과 퇴적이 반복되었다. 하상의 모래톱에는 굵고 둥근자갈들이 퇴적되었고 그 반대편의 공격사면에는 상대적으로 수심이 깊은 절벽이 형성되었다. 하천 주변의 퇴적지에는 키 큰 활엽수들이 짙은 녹음을 보이며 다소 단순한 초지에 변화를 주었다.

열차는 계속 달려서 모로코의 내륙으로 파고들었다. 어느 구릉 하나를 돌아가면 작은 산간 마을이 나타난다. 마을에는 야자수와 유칼립투스 숲이 있어서 멀리서도 쉽게 눈에 띈다. 마을의 경작지 주변에는 올리브나무 고목이 자라고 있다. 언덕에 자리한 마을 숲 사이로 담장에 둘러싸인 가옥들이 보인다. 가옥들은 붉은 벽돌을 쌓아서 만들어졌고, 외벽에 붉은 칠을 한 담장들이 많다. 마을에는 어김없이 붉은색 바탕에 초록 별이 그려진 모로코 국기가 펄럭이고 있다. 마을 주변에는 목장도 보인다. 목장에는 가축에게 일용할 양식을 먹이려고 높게 세워 둔 사일로가 듬직하게 우뚝 솟아 있다. 사일로의 벽면에는 마을이나 주인의 이름이 적혀 있다. 겨울 동안 사일로 안에서 발효된 건강한 먹거리를 가축에게 공급한다. 아마도 집 안의 가축은 겨울 동안 사일로의 양식을 먹으면서 다가올 봄에 펼쳐질 푸른 초장을 기다리고 있을 것이다.

마을 중앙에는 모스크가 자리하고 있다. 모스크의 돔은 열차의 창밖으로 쉽게 눈에 띄는 경관이다. 카사블랑카의 하산 2세 모스크처럼 웅장하지는 않지만 모스크는 마을의 역사로서 주민들과 함께하고 있다. 마을에서 모스크는 주택보다는 크지만 마을 전체를 압도할 정도로 규모가 크지는 않아 보인다. 모스크의 돔은 채색이 변하여 검은 회색으로 보인다. 마을의 모스크에서 기도 시간임을 알리는 아잔이 잔잔하게 울려 퍼진다. 낮은 파장의 아잔 소리는 마을 너머 골짜기 전체로 퍼져서 주민들에게 알라신을 위한 시간이 되었음을 알려 준다. 이슬람 신도들은 인간으로서 최선의 예를 갖추어 하루 다섯 번씩 알라신과 교감을 나눈다. 저녁으로 넘어가는 시간, 마을 주민들은 모스크의 확성기에서 아잔 소리가 들려오면 메카 방향으로 몸을 돌려 신에게 기도를 할 것이다.

고대 도시 페스로 가는 길에 만난 일상의 경관들은 어릴 적의 시골 경관과 너무도 닮아 있다. 까마득히 잊고 살아온 우리네 풍경을 떠올리게 해 여행하는 내내 모로코의 시골 경관들이 살갑게 다가온다. 밭고랑, 밭작물, 쟁기, 농부, 밭을 가는 모습 등의 농업 경관이 나의 추억 속 농촌을 연상시키기에 충분하였다. 창밖으로 보이는 모로코의 풍경 위에 여행자의 기억을 덧칠하는 사이 열차는 페스 역에 도착하였다.

모로 가도 페스만 가면 된다

라바트에서 출발한 열차가 모로코의 내륙으로 달려 고대 도시 페스에 도착하였다. 모로코 3대 도시라는 규모에 비해 페스 역은 그리 크지 않았지만 대합실, 매표소, 기차 시간표, 역무원, 역전 광장 등 갖출 것은 모두 갖추고 있었다. 열차에서 내리자마자 캐리어를 끌고 덜컹거리는 철길을 건너 대합실로 들어섰다. 누구도 열차표를 검사하지 않았다. 잠시 역사 안에서 한숨을 돌린 후 택시를 타려고 했다. 페스 역사를 빠져나오자 광장이 여행자를 맞이해 주었다. 광장에서 첫 대면을 한 페스의 인상은 갈색 도시이다. 도로, 건물들이 온통 붉은색과 옅은 갈색 사이의 채도를 띠고 있다. 한눈에 봐도 이곳은 건조한 날씨이다. 광장 바닥의 타일에는 군데군데 이가 빠진 곳이 있고, 잔뜩

　　　　　3장 ★ 알록달록한 미로 도시, 페스

메마른 길에는 바람에 날려 온 모래들이 쌓여 있다. 여느 역에서처럼 광장 앞에는 손님을 기다리고 있는 택시가 줄을 지어 서 있다. 광장 전면에는 페스의 구도심으로 이어지는 대로가 펼쳐져 있다. 광장 앞 대로 주변에는 택시들이 도로를 따라 나란히 주차되어 있다. 캐리어를 끌고 가는 여행자에게 택시기사들과 호객꾼들이 공격적으로 다가온다. 호객꾼들의 거친 호의를 물리치고 미터기를 부착한 프티 택시를 골라서 탔다. 그리고 페스 구도심의 메디나 주변에 예약해 둔 리아드 숙소에 무사히 도착하였다.

■ 페스 역의 모습

구시가지 메디나 근처의 리아드 숙소를 만나다

페스의 메디나 성벽에 위치한 리아드 호텔에 도착하였다. 메디나 성벽을 바로 앞에 둔 리아드는 이중 요새와 같다. 리아드 Riad는 모로코를 포함한 북아프리카와 이베리아반도에서 정원을 가진 전통 가옥을 호텔로 개조한 숙소이다. 아랍어로 리아드는 정원을 뜻한다. 리아드의 외벽은 성벽을 닮았다. 밖으로 나 있는 창문이 거의 없고, 외벽을 암석으로 치장하여 견고함이 묻어난다. 집 안으로 들어가는 대문도 단단한 목책을 두른 듯 묵직하고 두꺼운 나무로 제작되어 있다. 3층 정도 높이의 리아드이지만 대문의 크기는 매우 작다. 이런 양식의 가옥 구조는 햇볕이 강한 건조기후에서 해를 피하기 위한 건축양식이다. 방문과 창문이 중정을 향하고 있어 지붕이 뚫린 중정으로 햇빛이 쏟아져 들어왔다. 중정을 가운데 두고 각층의 여러 방들이 서로 마주하고 있다. 중정에는 올리브나무 화분이 놓여 있다. 건물의 외벽에는 비가 거의 내리지 않는 건조기후 특성상 바람에 날아온 먼지가 쌓여 건물의 파수꾼 노릇을 하였다.

리아드의 원형은 과거 대상들의 숙소인 카라반세라이 caravanserai에서 기원했다고 볼 수 있다. 카라반세라이는 일반적으로 도심의 주요 상업 지역이나 대상 무역로에 위치해 있으나, 이집트 카이로의 경우는 모스크와 같이 도시 내 요충지에 위치해 있기도 하다. 취급하는 품목에 따라 도시 내에서의 위치가 결정되는데 귀중품이나 특산품을 취급하는 카라반세라이일수록 메디나 중심부에 위치한다(심복기, 정낙원, 2004). 이처럼 리아드는 상인들의 숙소로 시작되었다.

무역상들은 물건을 사고파는 일을 하기 때문에 크고 작은 돈을 가지고 다닐 수밖에 없다. 그러나 큰 돈을 지니고 다니면 누군가의 주목을 받게 마련이다. 가족의 생계와 가업이 달린 소중한 돈을 안전하게 지키기 위해서는 보안이 우수한 요새와 같은 숙소가 필요하다. 메디나 중심지에서 멀지 않은 곳에 위치한 카라반세라이는 돈과 물건과 몸의 안전을 지켜주는 데 최적의 조건을 갖추었다. 안전한 숙소를 원하는 사람은 상인들만이 아니었다. 성지 순례를 떠난 사람이나 여행자도 마찬가지였다. 그들도 안전한 숙소가 절대적으로 필요했다.

리아드는 아래층 중정에서는 상거래를 하고, 철통같은 방어망을 갖추어 안전한 방이 있는 위층 숙소에서는 재물을 지키면서 쉴 수 있도록 건축되었다. 리아드는 낯선 자의 출입을 차단하여 외부로부터 상인을 지켜 주고, 전란 시에는 요새로 활용하여 목숨을 부지하고 가문을 지켜 내려는 강한 의지를 담은 건축물이다. 주상복합건물이라고도 할 수 있겠다. 현재 이 건물들은 호텔로 개조하여 사용하고 있다.

좁은 대문을 통과하여 리아드 안으로 들어서자마자 리아드의 반전이 기다리고 있었다. 그곳에는 화사한 중정이 자리하고 있다. 중정의 정면 벽에는 이슬람 전통에 따라 손을 씻을 수 있는 세면대와 수도꼭지를 갖춘 작은 샘이 있다. 샘의 바닥은 이슬람 문양의 사각형 타일로 장식되었다. 중정의 천장까지 녹색의 기하학적 문양으로 가득 차 있고, 이슬람의 신앙심을 표현하는 기도하는 모양의 장식 또한 보인다. 1층의 중정에는 소파와 탁자가 있고 중정에서 보이지 않는 안쪽에 주방이 자리 잡았다. 중정의 가운데에는 작은 분수가 있고 구석에는 둥근 탁자가 있다. 또한 이곳에는 미니 엘리베이터가 설치되어 있어 손님들이 오르내리기가 편리하다. 리아드의 중정은 손님을 맞이하는 리셉션과 식당 기능을 한다. 한쪽에는 여행자를 맞이하기 위한 작은 응접실도 마련되어 있다.

리아드 주인이 멀리서 온 여행자의 여권을 확인하고 체크인을 한 후 중정의 소파로 익숙하게 안내한다. 주인은 향이 진하게 나는 민트 차를 권하였다. 커피에 익숙하여서 민트 차의 맛을 잘 알지 못하였지만, 주인이 건네는 따뜻한 차 한 잔만으로도 여행의 피로를 풀기에 충분하였다. 어느 곳에 가든지 뜨거운 물에 민트를 넣어서 우린 차를 내주는 것이 손님을 대접하는 예의로 보인다. 민트 차를 한 모금 마신 후 편안하게 쉬는 동안에 책자 하나가 눈에 들어와 집어 들었다. 프랑스어로 발간된 책이었지만 본능적으로 'Geographie'를 알아볼 수 있었다. 이 책자는 모로코 지리학회가 발행한 논문집으로, 책 제목은 *Revue de Geographie du Maroc*, 즉 모로코 지리학회지였다. 책의 발행연도를 보니 1969년 17호, 1970년 18호이다. 참으로 오래된 모로코 지리학회의 논문집이 리아드의 중정을 장식하고 있었다. 학회지의 내용을 살펴보니, 모로코의 도시 구조 등에

■ 리아드 내부의 모습

관한 논문들이 실려 있다. 모로코는 프랑스의 식민 지배로부터 독립한 지 오랜 시간이 지났다. 그러나 프랑스어로 출판된 논문집은 프랑스의 문화가 잔존하고 있는 모로코의 현실을 보여 주는 듯하다. 지리를 전공하는 자로서 학회지 논문의 일부를 사진으로 찍어서 기념하였다.

주인의 안내로 엘리베이터를 타고서 2층의 방으로 들어섰다. 방들을 여행자를 위한 객실로 리모델링하였지만, 과거 사용한 가구, 창문, 장식물은 방 안에 그대로 놓여 있다. 리아드의 방은 이슬람의 장식으로 가득하였다. 세라믹 타일, 기하학 문양, 짙은 갈색의 목조 가구, 매듭이 화려한 커튼, 이슬람의 녹색 등은 고풍스러우면서 격조가 있다. 이슬람의 문화를 좁은 방 안에 모두 들여놓은 듯하다.

리아드의 중정은 식사 장소로도 사용하고 있다. 중정의 모서리에 작은 응접실을 마련하여 여행자들이 아침 식사를 할 수 있도록 해 준다. 너무 이르지 않은 시간에 중정을 온전히 차지하고 식사를 하였다. 식탁에는 붉은색의 꽃문양으로 아라베스크를 수놓은 하얀 식탁보가 깔려 있다. 하얀 천 위에 놓은 빨간 문양의 자수가 단아한 아름다움을 준다. 식탁에 차려진 깔끔한 음식들이 맘에 쏙 든다. 식탁 위에 먼저 올리브 절임, 육면체의 치즈, 꿀, 소스가 가지런히 놓인다. 빵과 과일 주스, 커피가 나온 다음 달걀 프라이, 타진, 팬케이크, 오븐에 구운 빵, 바게트

■☐ 리아드에서 본 모로코 지리학회지 표지　☐■ 리아드 중정의 모습

가 놓인다. 모로코의 전통 음식과 유럽풍의 음식을 결합한 풍성한 아침 식사이다. 진한 북아프리카산 모로코 커피에 꿀을 듬뿍 바른 빵은 이국의 맛과 포만감을 동시에 주었다.

■ 리아드 아침 식탁의 모습

첫날, 메디나에서 무모한 여행을 감행하다

리아드에 짐을 풀고 잠시 휴식을 취한 후에 택시를 타고 페스의 메디나로 향하였다. 미터기를 장착하지 않은 택시여서 기사와 10디르함에 가기로 흥정을 마친 후 메디나의 부줄르드 문Bab

3장 ★ 알록달록한 미로 도시, 페스

Boujloud, 일명 블루게이트Blue Gate에 도착하였다. 택시비 10디르함을 내려고 하니, 택시기사는 20디르함을 내라고 우긴다. 미터기를 사용하지 않는 택시기사의 횡포가 시작되었다. 낯선 곳을 여행할 때마다 겪는 경험인지라 크게 놀랄 일은 아니었다. 이것도 여행의 일부라고 생각하며 이런 상황을 여유 있게 받아들인다. 경험 삼아 택시기사와 다시 흥정을 시작하였다. 10디르함에서 20디르함까지가 흥정의 범위이다. 이럴 경우 보통 양쪽 모두가 손해를 보는, 아니 이익을 보는 중간값인 15디르함으로 흥정을 마친다. 여행자들은 이런 상황에 부딪히면 기분이 상하고 만다. 그러나 여행자에게 여유를 가져 보라고 말하고 싶다. 예를 들어 전체 여행비용 중 10디르함 또는 흥정 가격인 5디르함은 너무도 작은 비중이다. 이것도 여행비의 일부라고 받아들이도록 하자. 낯선 곳에서 택시기사를 자극할 필요는 없다. 호주머니에 있는 동전으로 택시의 바가지요금을 기분 좋게 지불하고 내렸다. 집을 떠나 여행을 하는 순간부터 여행자는 상대적 약자가 될 수밖에 없다. 여행 중 접하는 작은 불쾌감에 대해 지나치게 반응하는 행위는 자신에게 큰 해로 돌아올 수 있다. 작은 일에 너무 과하게 대응할 필요는 없다. 자신의 안전과 무사 귀환이 그 무엇보다도 우선이기 때문이다.

메디나의 성문 앞은 말 그대로 문전성시였다. 성문 주변과 도로가에는 상가와 노점 상인이 많이 모여 있다. 택시에서 내려 메디나 성문으로 접어들자 성문 앞에서 놀고 있던 젊은이들과 동네 꼬맹이들이 짧은 영어로 안내를 해 주겠다며 모여들었다. 하지만 일찍이 모로코 여행 서적에서 메디나를 안내해 주겠다고 하는 사람들을 조심하라는 경고를 읽은 적이 있기 때문에, 이들의 어떤 호의에도 눈길을 주지 않고 메디나 속으로 빨려 들어갔다.

먼저 메디나의 미로에 들어서면서 가고 싶은 장소를 검색해 보니 블루게이트에서 걸어서 25분 거리로 나온다. 뭔가 잘못되었다는 것을 아는 데는 시간이 오래 걸리지 않았다. 택시기사가 블루게이트가 아닌 블루게이트와 매우 흡사한 르시프 문Bab R'cif 앞에 내려 준 것이다. 페스 메디나의 미로는 마치 블랙홀처럼 보인다. 미로 입구에는 각종 물건을 파는 가게가 셀 수 없이 많았다. 골목 시장은 늦은 오후가 되면서 그늘이 드리워져 어두워 보인다. 잠시 메디나의 골목에서 서성거리는 사이 다시금 아이들이 몰려들었다. 자신들에게 돈을 주면 안내해 주겠다고 한다. 여전히 낯선 자들에 대한 경계 지수가 높아서 그들을 물리칠 수밖에 없었다. 메디나의 미로를 불쑥 무모하게 들어선 것이 무리였다. 해가 석양을 남기며 사라지는 동안 메디나 골목에도 해거름이 찾아오고 어둠이 밀려왔다. 메디나를 잘 모르는 여행자에게 이곳의 해거름은 다소 공포감을 주기에 충분하였다. 오늘은 메디나 골목 여행을 그만두고 골목을 빠져나가는 것이 급선무임을 본능적으로 깨달았다.

메디나 골목에서 잠시 스마트폰으로 블루게이트로 가는 방향을 찾은 뒤 발걸음을 재촉하였다. 하지만 메디나의 골목은 호락호락하지 않았고 리아드로 가는 길을 쉽게 열어 주지 않았다. 어둡고 복잡한 골목은 점점 두려움의 대상으로 와 닿았다. 이제 사람에게 도움을 청할 때가 되었다고 판단하였다. 문제는 메디나의 미로에서 가장 안전한 사람을 찾는 것이었다. 먼저 곡물가

■ 르시프 문 광장

게의 주인에게 길을 물었다. 하지만 곡물가게 주인은 영어에 전혀 익숙하지 않은 사람이어서 길을 묻는 대화가 성사되기 어려웠다. 그러더니 가게 주인은 옆에서 돕던 아들을 가리키면서 자기 아들이 도움을 줄 수 있을 것이라고 제안하였다. 그의 아들은 거침없이 메디나의 미로를 종횡무진하며 앞서서 길을 인도해 주었다. 그를 따라가자 상가에서 점점 멀어지더니 주택들이 보이기 시작했다. 한참이나 그의 안내를 받아서 가다가 그와 결별을 해야 할 때가 됐다는 판단이 섰다. 어둠이 드리워진 미로에서 곡물가게 주인 아들과의 동행을 멈추었다. 그 친구에게서 어떤 악의가 느껴지지는 않았지만, 해거름에 그를 마냥 따라가는 것은 현명하지 않다고 판단되어서 그와의 동행을 멈추기로 결정하였다. 그에게 안내를 멈추겠다는 의사전달을 한 후 수고비로 20디르함을 주려 하니 그가 손사래를 쳤다. 그의 친절을 돈으로 환산한 것을 무안하게 생각할 찰나에 그는 20유로를 달라고 한다. 너무 과한 비용은 줄 수 없다고 그에게 말을 건네니 그는 20디르함을 받아들고서 오던 길을 되돌아갔다.

약간 경사가 있는 골목길을 잔뜩 긴장을 하고 가는 중에 골목을 지배하며 놀던 한 무리의 어린 아이들이 들이닥쳤다. 그들은 한 목소리로 골목길이 막혀서 갈 수 없다고 아우성을 쳤다. 정말로 골목길이 막혀 보였다. 특히 해가 진 후의 골목은 길과 길이 겹쳐 있어 막다른 길처럼 보였다. 그러던 중 아까 전에 길을 안내해 주었던 청년이 그냥 계속해서 쭉 가라고 말했던 것이 생각났다. 아이들을 물리치고 계속 가니 길이 이어져 나왔다. 메디나의 골목을 거의 빠져나갈 즈음 시장에서 만났던 동네 아주머니를 다시 만났다. 장바구니에 저녁 찬거리를 담아서 집으로 가던 아주머니는 나를 보자마자 길을 헤매고 있음을 직감으로 알아차렸다. 그는 좁은 골목에서 빠져나와 블루게이트 입구까지 안내해 준 후 '굿 럭' 한마디를 건네고 돌아갔다. 아주머니의 친절한 안내로 메디나 골목에서 겨우 빠져나왔다. 메디나의 미로에서 공포 체험을 하고 나온 기분이었다. 동네 아이들도 믿을 수 없었다. 메디나의 골목길 여행을 대책 없이 무모하게 감행한 것을 반성하면서 그리고 안도의 한숨을 쉬면서 다시 리아드 호텔로 걸음을 재촉하였다. 다행히 곧바로 리아드 호텔을 찾았다. 긴장이 풀리니 배가 고파 왔다. 리아드 호텔 주변의 작은 식당에서 모로코의 전통 스프와 타진을 하나씩 주문하였다. 모로코 스프는 우리의 음식 맛과 유사하여 입맛을 당겼다. 숙소로 돌아오니 편안함이 몰려왔다. 무사히 하루를 보내고 깊은 잠을 청하였다.

여행자는 모험과 무모함의 경계에 서 있다. 여행자는 많은 사람이 보고 싶어 하는 것을 보려고 여행 장소의 랜드마크를 찾아 방문한다. 여행에서 유명한 대상을 찾고자 하는 것은 여행자의 본능이다. 하지만 여행자는 여행지의 독특한 것을 찾아 경험하길 원한다. 여행지의 경험은 자기만의 추억을 낳는다. 여행 중에 경험하는 다양한 추억들은 때론 무모함에서 나오기도 한다. 그러나 무모함에는 큰 대가가 따를 수 있다. 너무 격하게, 때론 너무 호기심이 많아서 언젠가 여행을 마치고 일상으로 돌아가야 한다는 것을 망각할 때도 있다. 하지만 그 어떤 명분에도 안전보다 소중한 가치는 없다. 감당할 만한 일탈 수준에서 자신만의 독특한 경험을 해 보길 바란다. 여행자는 또 다른 낯선 곳을 찾아 시선을 돌리고 있다. 모로코 페스의 메디나는 그 무모함을 경험하기에 충분한 장소이다. 그러나 대가를 치르면서까지 경험을 할 필요는 없다. 오늘의 무모함을 반복하지 않으려면 메디나의 전문 안내인과 동반해야겠다고 다짐한다.

페스의 메디나는 어떤 곳인가?

1300년 전에 건설된 페스는 모로코의 역사라고 해도 과언이 아니다. 모로코의 첫 통일 왕조인 이드리스Idriss왕조는 이슬람 수니파가 세운 도시 페스를 수도로 정하였다. 그 당시 모로코는 스페인과 북아프리카를 잇는 가교 역할을 하였다. 페스의 메디나

3장 ★ 알록달록한 미로 도시, 페스

는 북아프리카에서 탁월한 건축미와 도시유물로서 보존 가치가 있어 1981년 유네스코 세계문화유산에 등재되었다. 페스 메디나의 둘레는 16킬로미터이고, 성문은 18개가 있다. 9,600여 개에 이르는 협소한 골목은 좁았다 넓어지고, 뻗었다 구부러지며, 어느 하나 닮은 길이 없어 완벽한 미로를 형성하고 있는 것이 특징이다(신애경, 이혁진, 2017, 33). 메디나의 골목길은 두 사람이 겨우 지나갈 수 있을 정도로 폭이 좁다. 골목은 꺾기를 반복하면서 길을 내준다.

좁은 골목은 태양이 가장 높은 고도에 이르기 전까지는 건물들이 그림자를 만들어 주기에 건조기후의 태양을 피할 수 있다는 장점이 있다. 메디나의 좁은 골목길에서는 골목 바깥과의 상대적인 온도 차이로 바람이 일어난다. 섭씨 40도까지 오르는 골목 바깥의 기온과 높은 담장이 그림자를 만들어 주어 상대적으로 선선한 골목 안쪽의 기온 차이는 기압의 차이를 가져온다. 그 결과, 메디나 밖이 바람 한 점 없는 무더운 날씨여도 메디나의 골목에서는 바람이 솔솔 분다.

또한 메디나의 골목은 적의 침입을 막기에 안성맞춤이다. 수천 개에 이르는 골목길은 외부인인 적들에게는 블랙홀 같은 혼돈을 가져다준다. 골목과 집, 골목과 골목, 골목과 작은 공공 광장 등으로 이어지는 메디나의 복잡함은 적으로부터 도시와 시민을 방어하는 데 적격이다.

페스의 메디나는 구도시로서 엘 발리EI Bali이다. 엘 발리는
도심 가운데로 흐르는 페스 하천을 중심으로 양쪽으로 나누어
진다. 도시의 좌안左岸은 카라위인Qarawiyyin, 우안右岸은 안달루

▌메디나의 골목길

　　　　　　　3장 ★ 알록달록한 미로 도시, 페스

시아안Andalusian이다. 이 이름은 좌안에는 824년 튀니지 카라
위인으로부터 온 아랍 이주민이, 우안에는 809년 주로 스페인
안달루시아 지방으로부터의 이주민들이 거주한(남영우, 2010, 75)
데서 유래하였다.

페스는 문화와 민족의 다양성을 가진 도시이다. 일찍이 튀
니지에서 이주해 온 사람들과 스페인 안달루시아 지방에서 이
주한 사람들이 도시를 건설하였다. 유대인, 흑인, 베르베르인
등도 페스로 이주하였다. 같은 민족의 이주민들은 한 거주지에
서 함께 모여 살면서 자신들의 구심력을 발휘하는 경향을 가진
다. 그리고 서로 다른 민족의 이주민들은 상호 배타적인 경향
을 가짐으로써 거주지의 분리를 가져온다. 메디나를 포함한 페
스에서는 이주민의 집적과 분리가 동시에 일어나고 있다. 페스
에 들어온 사람들이 집단 거주지를 형성하면서 도시는 자연스
럽게 도시 공간이 나누어졌다. 대표적인 거주 지역은 튀니지인
들의 엘 제이디드El Jadid, 유대인의 멜라Mellah 등이 있다. 그리
고 페스로 이주한 민족들은 자신들의 종교와 문화를 가진 집단
들이기에 종교와 문화의 다양성을 가져온다. 페스에서는 이슬
람교가 대다수이지만 유대교를 믿는 사람들도 살고 있다. 그 예
로 페스의 카스바를 지키던 유대인 용병들이 메디나 남쪽의 멜
라 지구에 집단으로 거주한 것을 들 수 있다. 그들은 유대인 교
회당인 시너고그를 중심으로 응집력을 발휘하면서 많은 탄압에

■ 마린 왕조의 무덤에서 본 페스 메디나의 전경

도 불구하고 자신들의 정체성을 유지하면서 살아오고 있다.

메디나에는 다양한 디아스포라들이 모여서 따로 살고 있다. 그곳에서 저마다의 문화를 계승하고 발전시키면서 메디나의 문화를 만들어 간다. 메디나를 포함한 페스의 다양한 문화들은 서로 영향을 주고받으며 문화접변을 가져옴으로써 문화의 혼종성 混種性을 가지고 있다. 그리고 메디나 안의 유대교 교회인 시너고그는 이슬람교 지역에서 종교의 배타성을 넘어 양립성의 가능성을 보여 준다.

본격적으로 페스의 메디나를 여행하다

페스의 메디나를 여행하기 위하여 길을 나선다. 메디나는 아랍어로 도시라는 뜻이고, 때에 따라서는 도시 중심부에 위치한 시장을 의미하기도 한다. 전날 준비 없이 메디나 여행을 감행했다가 심한 고생을 했던지라 리아드 호텔에서 미리 여행 안내자를 신청해 두었다. 그는 오전 9시 30분에 정확히 리아드로 찾아왔다. 그와 함께 길을 나서면서 전날의 두려움을 떨칠 수 있어 마음이 홀가분했다. 본격적으로 페스의 메디나를 여행하

3장 ★ 알록달록한 미로 도시, 페스

기 시작한다.

　메디나는 크게 주택지구, 상업지구, 생산지구, 종교지구 등 다양한 기능 지역으로 분화되어 있다. 메디나의 골목으로 접어들자 주택지구가 나타났다. 주택지구는 경제력의 정도에 따라 다시 세분된다. 주택지구는 대체로 부자인 상류층 주거지와 중산층 이하 주거지로 나누어진다. 안내자는 먼저 부자들의 주거지로 안내하였다. 골목에서 보이는 집들은 리아드처럼 높은 담을 가지고 있어서 외부에서 집 안을 들여다보는 것은 거의 불가능하였다. 집의 높이는 족히 3층에서 5층 정도로 보였다. 메디나 주택들의 높이가 높아진 계기는 인구 증가에 따른 가구 수의 증가와 관련이 있다. 좁은 메디나에서 가구 수가 증가하면서 더 많은 거주공간이 필요해졌다. 좁은 땅에서 많은 가족을 수용하는 방법은 집의 층수를 높이는 것뿐이다. 그래서 집은 단층에서 시작하여 2층, 3층으로 높아졌고 결과적으로 메디나 집들의 담장도 함께 높이를 더해 갔다. 높은 담장을 가진 집은 요새처럼 보여 스파이더맨같이 담벼락을 타지 않고서는 집 안으로 들어가기가 현실적으로 불가능해 보였다. 더욱이 골목 쪽에 있는 창문은 2층 높이 이상에 달려 있고 크기 또한 겨우 환기만 할 수 있을 정도로 매우 작았다. 건물 외벽에는 벽돌을 쌓은 후에 회칠을 해 두었다.

　집마다 골목에서 집 안으로 들어가는 작은 대문이 있다. 대문은 유일하게 집 안팎으로 드나드는 통로로 기능한다. 대문은 다른 집의 대문과 마주하거나 같은 곳에 두지 않았다. 대문의 방향을 집집마다 다르게 하여 사생활을 보호하려는 의도인 것이다. 안내자는 집의 대문을 보면 그 집의 재력 정도를 알 수 있다고 말해 주었다. 부잣집은 보통 대문이 두 개인데, 하나는 출입문이고 다른 하나는 부엌문이라고 한다. 두 문의 모양에는 별다른 차이가 없었으나 문의 크기에서 차이가 있었다. 다음으로 중산층 거주지로 이동했다. 이곳 주택의 대문은 하나였다. 골목마다 주택에 대문이 있었지만, 대문의 모양은 각기 달랐다. 대부분의 집 담장에는 회칠이 되어 있어 그곳에 집주인의 개성을 반영하기가 어려우나, 대문에는 재료로 사용한 나무, 마감 장식, 문고리, 처마, 지방 등을 다양하게 구성하여 차이를 뽐낼 수 있었다.

이제 안내자는 골목 안으로 발길을 재촉하였다. 좁은 골목길을 걷는 중에 3층 정도의 높이에 있는 작은 창문이 보인다. 발코니라고 보기에는 창의 크기가 작고 단순히 창문이라고 보기에는 문의 개폐 기능이 없어 보였다. 벽에 걸려 있는 듯한 창문은 나무 덮개를 해두어 골목에서는 창문 안쪽을 볼 수 없게 설치되어 있다. 이 창문의 기능이 궁금하여 안내자에게 물으니, 그는 "covered eye."라고 말해 주었다. 굳이 우리말로 해석하면, 덧창 정도로 부를 수 있겠다. 이 창문은 집 안에서 주로 생

▀🖳 메디나 주택가의 모습
 🖵 메디나 주택의 대문

활하는 여성들이 얼굴을 집 밖으로 드러내지 않고 골목을 지나다니는 사람들이나 집 바깥을 구경할 수 있도록 만들어 놓은 작은 창이다. 덧창은 메디나에서 이슬람 문화를 전형적으로 보여주는 건축 구조의 한 사례로 보인다.

메디나의 골목길을 따라 걸으면서 주택들을 보았다. 메디나 좁은 땅에서도 부의 정도에 따라 거주지를 달리하는 주택계급이 존재한다. 집에 있는 대문의 수로 부를 드러내는 점이 특기할 만하다. 그렇다고 집의 대문을 크게 만들지는 않았는데, 이는 대문이 크면 외부인이 집 안으로 들어오는 것을 통제하기가 어렵기 때문이다. 대문은 집집마다 색깔을 달리하고 장식도 달리하였다. 어떤 집은 단단한 목재를 재료로 하여 그 옆에 철판을 달아 문을 튼튼하고 안전하게 만들어 놓았다. 아무리 철옹성 같은 집이어도 드나드는 문이 없으면 집으로서의 기능을 하지 못한다. 집은 대문이 있어야 한다. 메디나 골목에서 집으로 들어가는 문은 출입이라는 본래의 기능을 충실히 수행하고 있다. 작은 대문을 통과하여 집 안으로 들어가면 집은 가족의 단란한 생활을 보장해 주는 기능을 수행한다. 대문을 통과하는 순간 중정이 나온다. 중정은 가족 공동체의 공간으로 기능을 한다. 골목길 대문 너머에 있는 중정에서의 단란한 생활 모습을 상상해 본다.

메디나의 골목은 공적 공간과 사적 공간의 경계이다. 골목은 사람과 물자가 이동하는 통로이고, 집의 안과 밖을 연결해 주는 네트워크의 원형이다. 메디나는 집과 골목을 단단한 벽으로 차단한다. 집 안은 자기 가족만의 우주이다. 메디나에는 수천의 우주가 존재한다. 높은 벽으로 단절된 집은 골목으로 이어져 있다. 골목에서 세상 사는 소식을 들을 수 있는 것은 세상의 소식들이 골목길을 통해서 소리 없이 대문의 문지방을 넘어 전해지기 때문일 것이다. 메디나의 골목과 집들이 서로 단절된 듯 보여도 하나의 시스템으로 묶여 있음을 느낀다.

　페스의 메디나는 서양의 도시와 달리 상대적으로 공동체주의가 강하지만, 그 미로 안에는 서양 기독교 도시처럼 종교적 경관과 카스바라는 정치적 경관을 중심으로 도시 구조가 형성

■ 메디나 주택의 덧창

되어 있다. 그래서 페스의 메디나를 "구성하는 모든 단위들은
서로가 서로에게 평등하다. 상업·공업·주거지역 같은 기능별
분류도 없고, 대로 중로 소로 같은 계급적 구분도, 중앙과 변두
리라는 주종의 위계도 존재하지 않는다."(승효상, 2021)라고 표현
한 것에는 동의하기가 어렵다. 페스의 메디나에도 기능별 도시
분화가 존재하고, 권력관계와 부의 정도에 따라 다양한 사회계
층과 주택계급이 존재하기 때문이다.

메디나에는 공동체 생활이 있다

메디나의 골목을 안내해 주던 안내자가 메디나에는 일곱 가
지의 요소가 반드시 있어야 한다고 힘주어 설명한다. 메디나에
있어야 할 그것은 모스크, 학교, 공중목욕탕Hammam, 공동 샘
Sekaya, 공동 화덕Ferran, 목수, 묘지이다. 이 중에서 주택지구에
존재하는 것은 공중목욕탕, 공동 샘, 공동 화덕, 목수이다. 목욕
탕, 화덕, 샘은 사람이 사는 데 필수적인 요소이지만, 좁은 집에
이것들을 모두 갖추기에는 공간이 부족하다. 그래서 메디나의 주
민들은 이 시설들을 공용으로 갖추어 놓고서 공동으로 활용하

고 있다. 이 시설들은 공동체 문화를 형성하는 데 큰 기여를 하고, 사람들의 수다 장소가 될 수 있다.

공동 화덕은 마을의 빵을 굽는 장소이다. 주민들이 빵을 굽기 위한 반죽을 공동 화덕으로 가져오면, 화덕장이가 장작불을 지펴서 오븐으로 빵을 구워 준다. 주민들은 오븐에 구울 반죽들을 선반에 차곡차곡 올려놓고 순서를 기다린다. 화덕에는 붉은 불이 타올라 화덕 판을 종일 달군다. 공동 화덕 근처에는 화덕의 땔감인 나무를 저장하는 창고도 있다. 공동 화덕 안은 오랫동안 장작불을 지펴서 검은 그을음이 가득하였다. 화덕장이는 손잡이가 긴 삽으로 반죽을 화덕 안으로 밀어 넣고 반죽이 부풀어져 빵이 되면 이를 다시 끄집어낸다. 화덕장이는 화덕에서 꺼낸 빵들을 선반에 가지런히 올려놓고 빵 주인을 기다린다. 주민들이 자기 빵을 잘 찾아갈 수 있을까 하는 생각이 들기도 했지만 그것은 나의 기우일 뿐이라고 안내자가 답을 한다. 골목길에서 만난 공동 화덕은 이국적인 경관이어서 여행자의 이목을 붙잡기 충분하였다. 여행자의 심리를 잘 아는 화덕장이는 화덕에서 빵을 굽는 모습을 촬영하는 데 응해 주는 대신에 돈을 요구하였다. 많은 돈을 요구하는 것은 아니어서 그에게 기꺼이 돈을 준 후 공동 화덕의 모습을 열심히 사진에 담았다.

골목을 돌다 보면 작은 광장들이 나오는데, 그 광장의 한쪽에는 공동 샘이 자리를 잡고 있다. 공동 샘 한가운데에 수도꼭지가 있고 지붕을 포함한 샘의 외벽은 파란색과 하얀색 타일로 치장되어 있다. 대표적인 이슬람 문양과 장식이 샘에도 어김없이 존재한다. 샘은 물을 공급해 주고 물은 모든 생명의 원천이어서 샘과 물은 신에게 감사를 느끼게 하는 대상들이다. 특히 비가 거의 내리지 않는 건조기후에서 물은 절대적인 가치를 가지고 있다. 건조기후 지역에서는 관개 시설을 이용해 외지의 높은 산지에서 내리는 비나 눈이 녹은 물을 도시나 농경지로 끌어온다. 페스도 도심의 한가운데로 하천이 지나간다. 이곳 하천의 물도 외지에서 유입한 것이다. 건조기후 지역에서는 물이 공동체를 유지하는 데 매우 소중한 존재이다. 또한 공동 샘의 물로 이슬람 신도는 알라신에게 기도와 참배를 드릴 때 정결함을 유지할 수 있다.

메디나에는 공중목욕탕이 있다. 모로코는 건조기후 특성상 모래바람이 잦아 모래 먼지가 숙명적인 동반자일 수밖에 없다. 때문에 이를 씻는 일은 필연적이고 몸을 씻는 시설 역시 필수적이다. 집집마다 욕실을 갖추어 대량으로 물을 사용하기에는 물이 부족한 환경이어서 공중목욕탕 시설을 만든 것으로 보인다. 사람들은 건조기후의 모래먼지를 씻어 내고 피로를 풀기 위해 공중목욕탕을 이용한다. 함맘Hammam으로 불리는 공중목욕탕의 입구에는 남녀를 구분하는 표식이 있다. 이곳에는 우리나라 탕과 같은 시설은 없으나 더운 열기를 뿜어내는 대리석이 있

▄▀ 메디나 공동화덕의 모습　▀▄ 메디나 공동 샘

어 사우나 기능을 할 수 있다. 이곳 사람들은 보통 증기를 이용해 몸을 씻고 오일을 발라 마무리한다. 목욕탕에서는 속옷을 입는 점이 우리와 다르다. 대개 재래식 함맘은 메디나에 있으나 최근 관광객을 위한 온천에서도 함맘을 즐길 수 있다.

메디나는 네자린 광장의 목수 덕에 아름다워진다

주택지구에는 목수, 즉 나무장식가가 있다. 메디나의 집은 대부분 벽돌과 흙을 재료로 건축되었다. 주인은 회색이나 황토색 담장을 가진 집에 나무 장식을 더해 멋을 부린다. 작은 대문도 치장을 하고 멋을 낸다. 목수는 창문을 만들고, 나무에 각종 문양을 담아 목제품을 만들어 낸다. 건조기후 지역은 나무가 잘 자라지 않는 곳이어서 나무를 재활용하여 새로운 제품을 제작하기도 한다. 목수는 메디나에서 필수적인 기술자임에 틀림없다. 메디나의 골목을 여행하면서 집 밖으로 내밀어진 목제품들이 달리 보이기 시작하였다. 목수라는 장인의 숨결이 조금씩 느껴졌다.

네자린의 골목길을 걷다 보면 초록색 지붕과 네자린 샘이 나오고 곧 네자린 광장Complexe Nejjarine에 도착한다. 네자린은 목수라는 뜻이다. 광장이라는 말이 거창하게 느껴질 수도 있지만, 좁은 골목이 대부분인 메디나에서 이 정도 크기의 공간은 충분히 광장이라 할 만하다. 18세기에 조성된 네자린 광장은 역사지구에 있으며 여관, 샘, 시장으로 구성되어 있다. 여관 건물에는 기념비적인 문이 있다. 섬세한 석고와 젤리지 타일zellige 장식이 있는 문이다. 문의 윗부분에는 다양한 띠 모양의 장식과 쇠창살이 있고 아케이드, 원형 돔의 천장을 장식하는 무카르나스Muqarnas, 기하학적 디자인과 캘리그래피가 눈에 띈다. 여관의 벽면에는 나무 장식, 다양한 색상의 모자이크 장식, 회칠을 한 장식과 사각형의 취수대가 있다. 현재도 이곳은 목재 제품을 파는 상점들이 즐비하다.

건조기후에서 자란 목향나무로 만든 다양한 제품들은 짙은 갈색이 고풍스러움을 높여 주고 있다. 아마도 목수들이 만든 제품들은 메디나의 부유층이 사는 집의 중정을 아름답게 장식하고 있을 것이다. 이곳에도 집적의 원리가 작동한다. 목수들이 한곳에 모여서 목재 장식의 제품들을 만들어 자신들의 기량을 뽐낸다. 네자린 광장의 목수들은 부자든 빈자든 메디나의 주민들을 위하여 일을 한다. 목수라는 장인으로서의 자긍심을 가지고 메디나 주민의 생활을 돕고 있다. 그 돕는 손길이 오랫동안 누적되어 메디나를 아름답게 만든다.

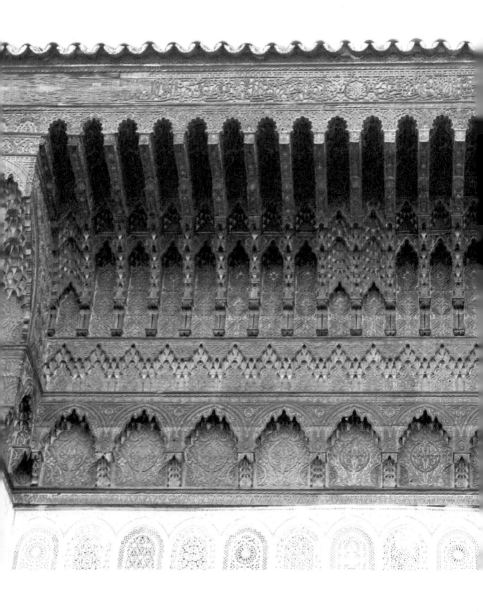

■□ 네자린 카라반세라이 출입문 위의 섬세한 문양   □■ 네자린 광장의 모습

메디나에는 성스러운 장소가 있다

여행 안내자를 따라서 페스의 메디나를 종횡무진 활보한다. 어제의 공포스럽던 메디나의 골목이 더 이상 두렵지 않다. 든든한 안내자가 있기 때문이다. 해거름이라는 시간대와 누구도 믿을 수 없는 상황, 좁고 복잡한 골목이 주는 불확실성이 복합적으로 작용하여 공포감으로 가득했던 메디나의 골목을 지금은 활기 넘치게 걷는다. 맘이 편하니 길거리의 경관도 눈에 잘 들어온다. 메디나의 종교 생활에 절대적으로 중요한 성스러운 구역으로 향한다. 이곳은 종교성이 강한 구역으로 이슬람교도의 예배 공간인 모스크가 있다. 좁은 골목길을 따라서 가다 보면 광장이 나오고 그 광장의 한쪽에는 높은 탑을 가진 모스크가 있다. 이슬람 공동체에서 신앙은 곧 삶이기에 메디나에 모스크가 존재하는 것은 너무도 당연하다. 작은 벽돌을 쌓아올린 사각기둥의 미너렛이 골목의 어느 방향에서든 눈에 잘 띈다. 첨탑의 끝을 불탑의 보주처럼 장식하기도 한다. 모스크의 아잔 소리는 신성함을 가져다주어 옷깃을 여미게 한다. 광장에서 보이는 모스크의 벽면에는 누군가 불경스럽게 남기고 간 낙서도 있었다. 사람이 사는 곳은 어디나 비슷한 모양이다.

메디나에는 세계 최초의 대학이 있다

메디나의 골목을 걷다 보면 주요 장소나 건물에서 투박한 안내판을 볼 수 있는데, 그 하나가 알 카라위인Al Qarawiyyin의 안내판이다. 이곳의 설명을 살펴보면 다음과 같다.

> 알 카라위인 모스크는 페스의 가장 우아한 건축물이다. 하얀 미너렛과 함께 이 모스크는 도시 경관의 상징이자 준거점이다. 모로코의 여러 왕조의 도움을 받아 모스크는 여러 차례 통합, 확장, 증축, 장식이 이루어졌다. 오늘날 페스의 문화 정체성과 종교 정체성의 심장이다. 후에 이곳은 유명한 교육장소가 되고, 유명한 학자들을 초빙하여 적법하게 과학 지식과 종교 지식을 학생들에게 가르쳤다. 저명한 학자들이 이곳에서 공부하고 학습하였다. 철학자 아벰파세(Avempace), 아베로에스(Averroës), 역사학자 이븐 할둔(Ibn Khaldūn), 지리학자 알 이드리시(Al Idrisi) 등이 있다. 세계 최초의 다학문 대학교로 인정되고 있지만, 현재까지 이슬람 영성의 중심지로 남아 있다.
>
> ─알 카라위인 안내판 전문

알 카라위인은 튀니지에서 망명을 온 알 페헤리의 딸이자 신앙심이 깊은 파티마Fatima Al-Fihiri가 859년에 세운 모스크이다. 처음에는 작은 모스크로 시작하였지만, 학생들을 가르치는 대학의 기능도 겸하였다. 이 점이 알 카라위인 모스크를 세계 최초의 대학교로 만들었다. 이곳은 약 2만 명의 학생들이 수학하여 북아프리카에서 내놓을 만한 규모의 대학으로 성장하였다. 대학에서는 아랍인, 유대인 등 인종을 가리지 않고 공부하고 싶은 모든 학생에게 입학을 허용하고 있으며, 현재에도 모로코의 많은 인재들이 철학, 의학, 신학 등을 공부하고 있다. 이곳에는 모로코의 원근각지에서 유학을 온 학생들이 머물렀던 옛 기숙사도 있다. 현재 기숙사는 메디나의 성문 밖에 위치한다. 이 대학교는 이슬람 모스크를 겸하고 있어서 그런지 정갈하고 정숙한 건축 구조이다. 이슬람의 아라베스크 문양과 기하학적 문양은 각종 크고 작은 타일로 건축물을 장식하고 있다. 학생들이 공부하기에 좋은 곳으로 보인다.

알 카라위인 대학교 출신 중에서 시선을 끄는 사람은 지리학자 이드리시이다. 그는 북아프리카 북단의 세우타에서 태어나 페스의 알 카라위인 대학교에서 공부하였다. 유럽이 중세 암흑기일 때, 이곳은 당시 과학 지식의 전당이었다. 그는 그리스의 고대 지도 제작 지식과 아랍의 과학 지식을 집대성하여 세계지도를 제작하였다. 유럽, 아프리카, 소아시아를 넘어 중국과 신라에 이르는 지리 정보를 담아 세계지도를 만들었다. 어느 업체는 이드리시의 정보력과 과학적 분석력을 본받고 싶었는지 그의 이름을 따서 분석 프로그램의 이름을 짓기도 했다.

알 카라위인 대학교는 아이러니하게도 이베리아반도에서 무어 왕조가 무너진 후 가장 영화로운 시대를 누렸다. 이슬람교를 믿던 무어 왕조는 이슬람의 과학기술 문명으로 이베리아반도를 지배하였다. 그러나 시간이 흘러 무어 왕조는 이베리아반

■ 알 카라위인 모스크 안내문

도에서 스페인, 포르투갈 등의 저항으로 알람브라 궁전을 남기고 무너졌다. 무어 왕조가 무너진 후 이베리아반도에 살던 무어인들은 유럽의 문화를 가지고 북아프리카로 이주하였다. 무슬림의 지성인들은 페스로 몰려들 수밖에 없었는데, 그 당시 페스가 상업이 발달하고 무역이 왕성하여 경제력을 갖고 있는, 교통의 요지이자 상업의 중심지였기 때문이다. 그들은 페스에서 자신들이 가진 과학기술과 이베리아반도에서 가져온 문화와 예술 등을 융합하여 이슬람 문명의 꽃을 피웠다. 당시 과학 문명의 찬란함은 초록색 기와지붕이 잘 보여 주고 있다.

페스의 메디나에서 세계 최초의 대학교를 본 후 골목을 돌고 있는데 골목의 담장 너머 낭랑한 목소리가 들려왔다. 담장이 높아서 학교 안을 들여다볼 수는 없었지만, 담장 너머에서 들리는 아이들의 목소리는 생동감이 넘친다. 알아듣지 못하는 아이들의 글 읽는 소리가 들린다. 초등학교와 유치원 아이들의 천진난만하고 또랑또랑한 모습이 눈에 선하다. 이곳 아이들이 세계 최초의 대학교에서 배출한 세계의 지성을 닮아 자신들의 꿈을 풀어 가길 바라본다. 골목에서는 학교가 잘 보이지 않았지만, 이곳이 학교임을 알려 주는 아주 작은 표지판이 근처에 걸려 있는 게 보였다.

■ 알 카라위인 모스크의 입구 모습

메디나에는 '수크'라는 시장이 있다

모로코인은 아라비아 대상의 후예임에 분명하다. 좁은 골목길을 가다 보면 작은 광장들이 나오고 그곳에는 가게들이 있다. 상업지구에 들어서니 가죽 제품, 램프, 면직물, 향신료, 미용제품 등을 파는 가게들이 집중해 있다. 이곳은 수크souk라고 불리는 시장이고, 같은 물품을 파는 가게들끼리 모여 있다. 파는 물품을 중심으로 가게들이 분리되어 있는 것이다. 이 중에서 대표적인 것은 향신료를 파는 아타린Attarine 수크, 미용제품을 파는 헨나Henna 수크이다.

여행 안내자는 아라비아의 대표적인 상품인 양탄자 가게, 면직물 가게, 가죽 제품을 파는 가게 순서대로 안내해 준다. 부드럽고 섬세한 양탄자를 손으로 만져 보고, 양털로 만든 원색의 천연제품인 스카프를 목에 둘러 보고, 장인의 손길로 만든 가죽 핸드백을 눈으로 구경하며 시장을 돈다. 수공업으로 면직을 짜는 곳, 카펫을 전시하는 곳에서 모로코 장인들의 기술을 보았다. 주로 여성들이 가내 수공업으로 물건을 만들고 있다.

페스 메디나의 상인은 아라비아 상인의 후예임에 틀림없어 보였다. 나의 눈길 하나하나에 집중하면서 마음을 읽으려 든다.

양털로 만든 터번을 두른 모습

양탄자 가게

마음을 들키지 않으려고 애쓰며 작은 눈을 더 작게 뜨고 수크의 물건들을 살펴보았다. 가게 종업원들은 어김없이 물건을 눈앞에 들이밀고 가격을 흥정하려 했다. 여행자로서 시장에서 파는 물건을 문화의 일부로 보려고 하지만, 가게 주인은 반드시 여행자에게 물건을 팔려고 접근하려 드니 여행자와 상인의 마음 사이에는 커다란 간극이 있을 수밖에 없다. 하지만 상인의 눈은 예리하여 물건을 사지 않을 사람을 금방 간파해 낸다. 덕분에 그 후로 가게 물건을 편히 구경할 여유가 생겼다.

태너리는 가죽을 염색하는 장소이다

페스를 찾는 여행자들이 보고 싶어 하는 곳인 태너리 Tannerie, 즉 가죽 염색장으로 갔다. 특히 사진을 찍는 사람들은 이곳을 방문하고 싶어 한다. 태너리의 전경을 보려고 가죽제품을 파는 전시장 건물 안을 돌고 돌아서 건물의 옥상으로 올라갔다. 태너리 안내자는 옥상에 오르기 전에 민트 잎을 하나 건넨다. 코로 민트 향을 흠뻑 맡게 한 후에 건물 옥상으로 안내해 준다. 건물의 옥상에 올라가는 순간 태너리에서 풍겨 오는 악취가 코를 찌른다. 이곳에 오기 전에 민트 잎을 준 까닭을 알 만하였다. 민트 잎을 코에 대고 태너리의 전경을 감상하였다.

■ 태너리 전경

태너리는 페스가 건설되면서 함께 만들어졌다. 낙타, 양, 염소 등과 같이 건조기후를 대표하는 가축들의 가죽으로 다양한 제품을 만들어 사용하는 것은 너무도 당연한 일이다. 소비자의 다양한 기호를 충족시키기 위해서는 가축의 가죽을 염색할 필요가 있다. 가죽 염색장에는 둥근 저수조가 많이 있다. 양 가죽을 재료로 가공하는 공정은 약 한 달 정도가 소요된다. 가축동물에서 취한 가죽을 석회가 들어 있는 수조에 5일 정도 담가 두어 가축의 털이나 지방 등을 제거한다. 가죽에서 섬유 구조를 완전히 제거한 후 염색물이 담긴 여러 수조를 지나가면서 가죽에 다양한 색깔을 입힌다. 이런 절차를 거쳐 가축의 가죽은 다양한 피혁皮革 제품의 재료로 다시 탄생한다. 가죽을 염색하는 데는 천연 염색재료를 활용한다. 가죽의 초록색은 민트, 갈색은 나무껍질, 빨간색은 양귀비꽃, 파란색은 인디고, 흰색은 비둘기 배설물, 검은색은 티몬, 그리고 노란색은 사프란을 이용한다. 이 중에서도 코를 찌를 정도로 냄새가 심한 재료는 비둘기 배설물이다. 그래서 특히 더운 여름에는 태너리 일대의 온 동네가 비둘기 배설물 냄새로 진동을 한다.

수조에 담긴 다양한 염색물의 색깔들은 태너리의 멋진 경관을 연출한다. 수조 안에서 일을 하는 고단한 인생에 대해 생각할 여유도 없이 형형색색의 이국적인 풍경에 눈과 맘을 빼앗긴다. 태너리의 일꾼들이 수조의 테두리 위에서 곡예를 하듯 일을 한다. 장인이라는 말로 그들의 고단한 삶을 치부하기에는 너무 가혹하다는 생각이 들었다. 태너리의 수조를 채운 물들은 페스를 가로질러 흐르는 하천수가 있기에 가능하다. 페스 하천에서 흘러들어 온 물을 페스의 메디나에서 활용하여 태너리를 운영하고 있다. 태너리는 색깔과 냄새 그리고 독특한 경관으로 메디나를 매력적인 장소로 만들어 낸다. 또한 이곳에서 제작되는 가죽과 가죽제품은 페스를 넘어 온 세계에 팔린다. 태너리는 그 자체의 경관과 기능으로 메디나라는 장소에 생기를 북돋워 메디나의 장소성을 보여 주기에 충분하다.

메디나의 골목은 고단하다

페스의 역사와 함께해 온 좁은 골목의 벽은 많이 부식되어 있다. 벽면에 회칠을 한 지가 오래되었는지 벽의 색깔이 칙칙해 보인다. 벽돌이 드러나 있거나 벽면의 회칠이 중력을 이기지 못하고 골목 바닥에 떨어져 있는 곳도 있었다. 다시 벽을 보수하고 회칠하여 누더기처럼 보이는 벽돌담을 새로 단장한 곳 또한 보였다. 아마도 오랜 세월 동안 집주인은 이런 행위를 반복하였을 것이다. 어느 시기나 어느 곳에서나 벽면에는 낙서가 있기 마련이다. 낙서는 자연스러운 인간의 본능이다. 인류의 시작과 가장 가까운 스페인 알타미라 동굴의 벽화도 선사시대 사람들의 사소한 낙서에서 시작하였다. 메디나 골목 벽면에 보이는 아랍어로 된 낙서는 마치 아라베스크 문양과 비슷하게 생겨서 눈길을 끈다.

오랜 세월을 견뎌 온 메디나의 벽면이 온전할 리는 만무하다. 페스의 장인들이 벽돌을 정교하게 쌓았어도 벽은 세월의 무게를 이기지 못하고 기울기 마련이다. 메디나에 사는 사람들이 지혜를 모아 공동체의 힘으로 담벼락 보수를 거듭한 끝에 오늘에 이르렀다. 오랜 세월 동안 중력을 거스르던 골목의 한쪽 벽이 배를 내밀고 무너질 준비를 한다. 각목으로 만든 비계들이 골목 위쪽을 지배하고 있는데, 이는 벽이 무너지는 것을 방지하는 공사를 하기 위함이다. 이렇게 메디나 골목은 지속적으로 보수 공사를 해 오고 있다. 아마도 과거 선조들이 했던 방식으로 벽을 수리하며 살아갈 것이다. 하지만 공사를 하는 인부들이 보이지 않는 것으로 보아 보수공사를 마치기까지는 꽤 많은 시간이 흐를 것으로 보인다. 유네스코 세계문화유산에 등재된 페스의 메디나가 그 원형을 유지하면서도 주민들의 생활에 지장을 주지 않고서 인류를 위하여 오래오래 이어 가길 바란다. 메디나에서 문화유산의 보전과 지속 가능한 삶이 조화를 이루며 다음 세대로 그 생명을 이어 가길 바라본다.

3장 ★ 알록달록한 미로 도시, 페스

■ 메디나 골목의 건물 모습

블루게이트에서 메디나의 상가를 만나다

정신없이 메디나의 골목을 돌아본 후, 택시를 타고 블루게이트로 갔다. 블루게이트는 페스의 메디나로 들어가는 주요 성문이다. 그 문에는 세 개의 아치 통로가 있는데, 가운데 문은 크고 넓지만 양 옆의 문은 상대적으로 작다. 성문의 바깥 색은 프랑스를 상징하는 파란색, 성문 안쪽 색은 아랍을 상징하는 녹색으로 장식되어 있고 성문의 벽은 아라베스크 문양이 있는 양탄자처럼 생겼다. 성문 앞에는 광장이 있는데 성문의 안팎으로 상인들이 가득하고 채소, 생선, 과일, 잡화점 등이 좁은 길목에 즐비하다. 세계 어느 곳이든지 시장에는 생기가 넘친다. 더위로 지친 시간임에도 상인들은 손님을 보면 생기가 솟는다. 여행자에게도 시장의 생동감을 느끼고 파는 물건을 구경하는 재미가 있다. 좌판에 펼쳐진 물건들을 보면 장소의 특성을 금방 알 수 있다. 건조기후에서는 고추, 당근, 양파, 토마토, 호박, 감자, 오렌지, 귤, 레몬, 살구 등의 각종 채소와 과일이 생명의 기운을 보여 준다. 다른 한쪽에서는 주방용품, 옷가지 등을 파는 가게들이 어깨를 맞대고 늘어서 있다. 시장에는 사람들이 살아가는 데 필요한 물건과 먹을거리가 가득하다. 상가의 골목을 걷는 것만으로도 여행이 재

블루게이트로 불리는 부줄르드 문   블루게이트 주변 시장의 채소 가게와 시장통의 모습

미나다. 뭐니뭐니 해도 시장 골목에서는 길거리 음식이 최고이다. 둥근 불판에 얇은 반죽을 올려서 만든 음식, 기름에 튀긴 음식들이 입맛을 다시게 한다. 참을 수 없는 길거리 음식의 마력에 빨려 들고 만다.

블루게이트 안의 거리는 메디나 골목에 비해서 넓은 편이다. 그곳 포스테 거리에는 식당들이 들어서 있다. 건조기후의 높은 기온과 직사광선은 금방 골목을 덥게 만든다. 사람들은 햇빛을 차단하기 위하여 골목에 차양을 쳐 두었다. 햇빛이 내려앉은 차양은 원래 색깔보다 더 선명하게 보인다. 골목의 모래가 바람에 날리지 않도록 길거리에 물을 뿌려 주어 거리가 젖어 있다. 가게 주인들은 물이 바로 빠져나갈 수 있도록 타일로 물길을 만들어 놓았다. 식당들은 가게 앞에 좌석을 배치하고, 일부 좌석은 길거리를 바라보게 해 두었다. 식당 주인들은 가게 앞에 다양한 메뉴를 적어 두고 조용히 손님을 기다리고 있다.

블루게이트의 식당 거리에 나뭇잎이 무성한 나무 한 그루가 서 있다. 고목이 된 나무는 옅은 갈색의 메디나 골목에 싱그러움을 준다. 파란색 장식으로 눈길을 끄는 작은 식당에서 모로코 대표 음식인 쿠스쿠스와 파스티야를 주문하였다. 음식을 주문한 후 식탁에 놓인 홉스 빵을 맛보았다. 이는 모로코 식당에서 흔하게 볼 수 있는 빵으로 보통 무료로 준다. 홉스 하나를 손으로 뜯어 한입에 먹고, 가벼운 음료수도 주문하였다. 잠시 후 주문한 음식이 푸짐하게 나왔다. 쿠스쿠스는 베르베르인의 전통 음식으로 밀을 거칠게 갈아서 만든 파스타에 고기, 채소 등을 쪄서 먹는 음식이다. 파스티야는 파이 위에 고기, 설탕 파우더, 시나몬 가루를 뿌려서 만든 음식으로, 모로코 속담에 '세상에는 두 종류의 사람이 있다. 파스티야를 먹어 본 사람과 그 맛을 모르는 사람이다.'라는 말이 있을 정도로 유명하다. 파스티야에서 묻어 나오는 시나몬 향이 식욕을 자극한다.

■ 블루게이트 안의 식당 거리

모로코에서의 식사는 대체로 푸짐하다. 커다란 빵과 먹고도 남을 정도의 음식이 나온다. 내 고향 전주에서 먹던 한정식 정도까지는 아니지만 기본적으로 모로코 사람들의 식탁도 풍성한 편이다. 식당의 풍성한 음식은 집을 나선 여행자의 맘을 풍요롭게 해 준다. 다시 몸에 기운을 담고 발걸음 가볍게 길을 나선다.

산 자는 죽은 자를 존경한다

메디나를 둘러본 후 블루게이트를 지나 코르파Bab Chorfa 성문으로 나왔다. 나무로 만든 문은 최근에 보수한 것으로 보인다. 코르파 성문을 나서자 모래가 깔린 R501 도로가 나온다, 성문 앞 도로 건너편에는 공동묘지가 있다. 묘지의 둘레에는 담장이 쳐져 있고, 드문드문 입구가 있다. 묘지에는 하얀색의 묘가 가득하다. 모로코 페스에서 만난 죽은 자의 공간이 이색적인 경관으로 눈길을 끌었다. 잠시 공동묘지의 모습을 보러 안쪽으로 들어가려는 순간 지나가던 누군가가 부르더니 한사코 묘지에 들어가지 말라고 말린다. 성聖과 속俗의 경계에 선 자가 감히 성의 세계로 들어가는 불경을 저지른 것이다. 묘지의 비석들은 일정한 방

향으로 들어서 있는데, 그 방향은 이슬람교도들의 영원한 성지
인 사우디아라비아의 메카를 향하고 있다. 죽어서도 영원한 안
식을 찾고자 하는 이슬람교도의 깊은 신앙심의 발로이다. 신앙은
참으로 위대하다. 살아서도 죽어서도 영적 고향인 메카를 향해
알라신에 대한 신앙심을 보이고 있다.

■ 페스의 공동묘지

페스의 공동묘지에서 문득 산다는 것은 무엇인가, 진정한 믿음은 무엇인가, 무엇을 위하여 삶을 살아가는가 등에 관한 생각이 든다. 공동묘지에서 삶과 죽음의 문제에 대해 생각하며, 지금 이 시간 산 자로서 열심히 그리고 최선을 다해서 사는 것이 먼저 간 자들에 대한 예의라는 생각을 해 본다. 여행자가 낯선 곳의 문화에 관해 아무런 이해도 없이 함부로 행동하는 것은 지혜롭지 못한 행위임을 깨닫는다. 타지에서 스스로 삼갈 줄 아는 자가 여행의 고수인 것이다. 여행지에서 타자의 사고와 문화를 존중하는 것이 새삼 어렵다는 것을 느낀다. 이곳 죽은 자의 장소인 공동묘지가 생각 없는 이방인들의 눈요깃거리가 되지 않길 바란다. 타지에서 더욱 조심하며 여행을 하겠다는 다짐 또한 해 본다.

마린 왕조의 무덤으로 향하였다

마린 왕조의 무덤Marinid Tombs을 찾아 길을 나선다. 코르파 성문 앞의 도로를 따라 잠시 우측으로 내려가면 버스정류장이 나온다. 매표소 근처에는 택시들이 줄을 서서 손님을 기다리고

3장 ★ 알록달록한 미로 도시, 페스

있다. 붉은 언덕이 속살을 붉게 드러내고서 메디나의 성벽을 마주한다. 걸어서 갈 수도 있는 거리이긴 하지만 더운 날씨여서 택시를 타려고 택시비를 흥정하였다. 이방인임을 금방 알아본 어떤 택시기사가 20유로를 택시비로 달라고 한다. 이미 모로코의 경제와 화폐 단위에 익숙할 정도의 여행을 한지라 속으로 웃음이 터진다. 미터기를 사용하며 운전하는 프티 택시를 타고 가니 5디르함이 나왔다. 택시기사에게 팁으로 5디르함을 더해서 10디르함을 기분 좋게 요금으로 주었다. 택시기사가 친절하게 마린 왕조의 무덤 정원에 내려 준다.

사람들이 마린 왕조의 무덤에 오르는 이유는 간단하다. 이곳은 메디나보다 상대적으로 높은 곳에 위치해서 메디나의 전경을 바라보기에 최적의 장소이다. 이곳에서는 한눈에 메디나의 전체 경관은 물론 건물과 성곽을 파노라마로 볼 수 있다. 무덤 언덕 아래에 펼쳐진 메디나의 골목, 카스바 왕궁, 크고 높은 건물, 모스크의 미너렛, 키 작은 나무 등이 눈에 들어온다. 새삼 페스의 메디나가 분지에 자리한 난공불락의 요새임을 확인할 수 있다. 벽돌로 지은 건물들이 메디나 성안에 빼곡하게 자리 잡고 있다.

이곳은 13~15세기를 지배했던 마린 왕조의 무덤이 있던 자리이다. 언덕 위에는 무너진 건물의 잔해가 힘들게 버티고 서서 이곳이 한때 영화로운 장소였음을 대변한다. 돌과 흙을 쌓아서 만든 건물들은 세월의 풍화를 견디지 못해 허물어져 있었고

3장 ★ 알록달록한 미로 도시, 페스

■ 무너진 성채와 뒤로 보이는 마린 왕조의 무덤

앙상한 출입문만이 스산하게 서 있었다. 언덕에서는 또 다른 곳의 묘지들도 눈에 들어왔다. 언덕은 전형적인 건조기후의 식생 경관을 보여 준다. 사람들의 발길이 잦아 식생이 자라기도 전에 풀들은 땅에 바짝 붙어서 자라고 있었다. 그나마 올리브나무 몇 그루가 삭막한 언덕에 생명의 기운을 불어넣어 준다. 이 언덕은 사람들이 삼삼오오 몰려와서 소풍을 즐기기에도 좋아 보인다. 메디나 밖의 마린 왕조 무덤 경관을 구경한 후 다시 블루게이트로 향하였다. 메디나의 성벽 옆에 건설한 도로를 따라 느긋하게 걸어 본다.

블루게이트로 다시 가기 위해서는 언덕의 경사진 길을 따라 내려가야 한다. 내려가는 길의 언덕 위와 경사면에서 지독한 냄새가 격하게 진동한다. 메디나의 태너리에서 맡은 그 냄새다. 발아래를 내려다보니 다양한 색깔의 가죽들을 말리고 있다. 언덕은 강한 햇볕을 담아내기에 최적의 장소여서 염색을 들인 가죽을 말리는 데 적합해 보인다. 회색과 붉은색의 양가죽들이 라스코 벽화처럼 언덕을 차지하였다. 붉은 가죽은 언덕을 더욱 이색적으로 만든다. 마린 왕조의 무덤이 있는 언덕에서 페스의 생활 문화의 일면을 보았다. 가죽을 말리는 냄새가 그렇게 역하지만은 않게 느껴진다. 더운 날씨이지만 또다시 부지런히 페스의 메디나 성벽을 걸었다.

3장 ★ 알록달록한 미로 도시, 페스

■ 왕조의 무덤 언덕에서 가죽을 말리는 모습

페스의 터미널 주변에서 신도시를 만나다

리아드에서 택시를 타고 다음 여행길인 쉐프샤우엔Chef-chaouen으로 가는 버스표를 예매하러 공용터미널로 갔다. 여행자는 택시 안에서도 분주하다. 기사에게 행선지를 알려준 후 줄곧 시선을 창밖에 두었다. 낯선 회색의 도시를 가로질러 도심을 지나간다. 현대 건축물과 건조기후의 건축물이 원근을 달리하여 나타난다. 건조기후의 대표 수종인 종려나무가 도로를 따라 목을 치켜세우고 서 있다. 자동차들이 별 탈 없이 회전 교차로를 통과한다. 연륜을 과시하듯 도로를 활보하는 자동차를 보았다. 낡은 프티 택시도 나의 걱정은 아랑곳하지 않고 무리 없이 달린다. 여행자가 여행 중에도 자신의 경험을 바탕으로 사고하는 습관을 버리지 못하고 있음을 실감한다. 모로코 페스의 도심을 달리는 택시 안에서 여전히 나의 시각으로 여행하고 있음을 목도한다. 타자의 일방적인 시각에서 벗어나 시선을 주고받을 수 있으려면 여행자의 역량이 매우 중요함을 다시금 느낀다. 공용 터미널에 도착하여 택시에서 내렸다. 터미널로 들어가 버스표를 예매하고 주변을 돌아보았다.

터미널이 교통의 중심지임을 거리에 주차된 택시와 분주히 오가는 사람들을 보면 쉽게 알 수 있다. 터미널은 주변 도시와 네트워크를 형성해 주는 주요 통로이다. 버스를 타고 온 사람들과 버스를 타고 떠나는 사람들이 페스의 터미널에서 모이고 흩어지기를 반복한다. 페스 터미널에는 메크네스, 쉐프샤우엔, 마라케시, 카사블랑카, 라바트, 탕헤르 등으로 가는 노선표가 붙어 있다. 모로코 3대 도시의 위용을 자랑하기에는 다소 왜소한 터미널 구조와 시설이지만 터미널이 갖추어야 할 것은 모두 있다.

버스터미널 앞의 길거리를 잠시 돌아보았다. 여행자인지라 본능적으로 거리의 경관들을 눈으로 쭉 훑어본 후 물건을 파는 가게들을 둘러보았다. 일상에서 필요한 식품점, 식당, 옷 가게, 과일 가게 등이 있었다. 그중에서 잠시 노점상의 물건들을 살폈다. 작은 리어카에는 건조기후임을 알리기라도 하듯 껍질이 말라 들어가는 귤 등이 있었다. 높은 당분을 유지하고 있는 귤을 한입에 먹은 후에 본격적으로 터미널 주변을 돌아다녔다.

페스 여행을 마치면서

1300년의 역사를 가진 페스는 오랜 시간 동안 자연환경에 적응하여 최적의 생활양식을 만들어 삶을 영위한 도시이다. 모로코 동부의 사하라 사막, 아틀라스산맥 너머의 고산지대에 자리한 페스는 메디나를 건설하여 건조기후에 잘 적응하였다. 페스는 북아프리카의 지중해로 이어지고 동부 산지에서 대서양으로 나아가는 중간 교역지로서 사람들이 모이는 곳이다. 그곳은 메디나를 중심으로 도시 구조를 형성하였다. 페스의 메디나는 미로 경관 안에서 다양한 도시 구조와 삶의 양태를 보여 주고 있다. 골목에서 만나는 가게, 사람, 당나귀, 아이들 등의 모습에서 미로는 삶을 지탱하고 이어 주는 현장임을 알 수 있다. 주로 이슬람교를 믿는 사람들은 모스크를 만들어 신에게 경배하기를 게을리하지 않는다. 또한 이곳에는 과학 지식의 보고로서 학문 발전에 기여한 최초의 대학에서 다음세대로 이슬람 문화와 신앙을 계승하는 유치원에 이르기까지 다양한 교육기관이 있으며 동시에 태너리, 장터 등과 같이 지독한 삶의 현장도 있다. 그런 점에서 페스의 메디나는 흥미로운 장소이지만 그곳을 헤매는 동안은 흥미보다 두려움이 더 컸다. 그러나 곧 페스의 거리에서 수많은 이국의 경관을 접하면서 메디나에서의 두려움은 점차 사라져 간다.

마린 왕조의 무덤이 있는 언덕에서 페스의 메디나 전경을 바라본다. 흐릿한 모래 안개 속으로 천년이 넘는 고도가 펼쳐진다. 성벽, 성문, 카스바, 황토색 건물, 미너렛, 모스크 등이 메디나를 대표하듯 눈에 들어온다. 눈앞의 경관을 있는 그대로 받아들이지 못하게 하는 신앙, 교육, 관습, 이념, 문화 등을 생각해 본다. 이곳에서 살아가는 다양한 배경을 가진 사람들이 정체성 너머의 다양성을 존중하면서 그 보이지 않는 것에서 자유롭길 기대한다. 나 역시 메디나에서 이슬람에 대한 선입견에서 벗어나 상호 존중하는 태도를 실천하리라고 다짐한다.

4장 ☆

동화 같은 고산 도시,

쉐프샤우엔

Spain

Mediterranean Sea

Chefchaouen

Atlantic Ocean

Fes

Rabat

Casablanca

Morocco

Atlantic
Ocean

Morocco

Algeria

Western Sahara

페스에서 쉐프샤우엔으로 가는 길

페스에서 쉐프샤우엔으로 가기 위해서는 터미널에서 CTM 버스를 타고 4시간 30분 동안 이동을 해야 한다. 페스 터미널에서 출발하는 버스 안은 여행자와 주민들로 만원이다. 버스기사는 식사를 한 후 별다른 미안함도 없이 15분 늦게 페스 터미널을 출발한다. 버스는 산간 지방 구릉의 옆구리를 타고 북쪽으로 달린다. 구릉과 구릉 사이에는 하천 계곡이 발달하였고, 구릉 위의 언덕에는 푸른 초장이 펼쳐졌다. 푸른 초장 옆의 밭에서는 기름진 흑갈색의 토양이 작물을 기다리고 있다. 높은 아틀라스산맥을 따라 멀리 보이는 산들이 겹겹이 쌓인 채 위용을 과시한다. 도로 주변의 마을에는 들판에서 수확한 건초 더미가 쌓여 있다. 어느 건초 더미에는 비를 맞지 않도록 비닐을 덮어 놓기도 하였다. 말, 노새, 양 등 가축의 겨울 양식인 건초 더미의 규모에 따라서 그 집 안의 경작 크기도 가늠할 수 있다.

버스가 산지를 벗어나 한참이나 평원을 가로질러 달리더니

버스기사는 휴게소에서 잠시 쉬어 가겠다고 전한다. 버스에서
내리니 노릇한 양고기 굽는 냄새가 코를 자극한다. 냄새를 따라
가 보니 음식점에 양 다리 고기들이 고리에 걸려 매달려 있다.

■ 창밖으로 보이는 건초 더미

그곳에서 사람들이 양고기를 주문하자 주인은 즉석에서 양고기에 소금을 뿌려 구워 준다. 구운 양고기에 빵을 곁들여 먹는 것이다. 근처에는 간식을 파는 잡화점과 어린 아이들을 위한 놀이 공간이 갖추어져 있다. 휴게소에서 양고기 바비큐를 먹는 모로코인들의 문화가 이국적으로 보인다. 고기 굽는 연기가 휴게소의 한쪽을 장식한다. 이곳에서 양고기 바비큐를 먹는 것은 우리의 고속도로 휴게소에서 우동을 먹는 모습과 너무도 닮아 있다.

다시 버스는 소도시 터미널에 들렀다가 구릉의 언덕을 넘어 산간 지방으로 힘들게 올라간다. 창밖으로 농촌 경관을 보여 주면서 더욱 높은 고지대로 힘들게 달려간다. 산간 지방으로 들어설수록 산은 가팔라지고 경지는 좁아진다. 부지런한 농부는 벌써 봄을 맞이하기 위하여 밭을 일구고 있고, 수고한 말은 추위를 견디기 위해 방한천을 몸에 두르고 밭에서 풀을 뜯고 있다.

이러한 경관은 1970년대와 1980년대에 암소가 쟁기를 끌고 논을 갈아엎던 어릴 적 기억을 소환하였다. 소의 입에 부리망을 채워서 소가 일하다가 풀을 뜯지 못하게 하였다. 소가 쟁기를 끌고 앞으로 나가는 데 힘을 쓸 수 있도록 소의 목에 멍에를 채웠다. 이곳 말들도 멍에를 메고 일을 하고 있다. 주인은 무거운 짐을 지느라 고생한 말이 잠시 쉬도록 배려하듯 말의 목에 채운 멍에를 풀어 주었다. 말은 소처럼 앉아서 쉬지 않는다. 네 다리로 똑바로 선 채로 쉰다. 우리 모두도 예외 없이 삶 속에서

■ 휴게소에서 파는 양고기 바비큐　□ 창밖의 농촌 경관과 산지

저마다의 멍에를 지고 산다. 나의 아버지도 모로코의 아버지도 그렇다. 어려운 시대일수록 아버지의 무거운 삶이 조명을 받는다. 많은 아버지들이 자신들이 진 삶의 짐을 멍에로 받아들이지 않는다. 자신들의 수고를 마다하지 않는 것이다. 어릴 적 삶의 괴로움을 가족에게 푸는 아버지의 모습을 보곤 하였다. 세상일이 맘대로 되지는 않았을지라도 처자식을 위한 아버지의 헌신은 잊을 수가 없다. 아버지가 자식에게 온 힘을 다하였듯이 나도 아버지처럼 가족을 위해 기쁘고 행복한 마음으로 일을 한다.

모로 가도 쉐프샤우엔만 가면 된다

버스가 산자락을 몇 번 휘감아 돌더니 멀리 산 아래로 도시가 나타난다. 한눈에 봐도 산중 도시이다. 도시 주변은 온통 산으로 둘러싸여 있고 도시는 하얀색과 파란색으로 충만하다. 도시 중앙에 모스크의 미너렛이 기린아처럼 우뚝 솟아 있다. 저 멀리 하얀 연기를 뿜어 내는 굴뚝이 보인다. 이른 저녁을 준비하는 모양이다. 건물들이 능선을 점령한 채로 한 치의 틈도 주지 않을 기세로 촘촘하게 들어서 있다. 도시 주변 구릉에는 경작지가 있다. 경사면마다 계단식 농업을 하고 있고, 나무들이 드문드문 자라고 있다. 산 위로 펼쳐진 파란 하늘과 구름이 눈에 띈다.

쉐프샤우엔의 경관을 멀리서 바라본 지 얼마 되지 않아 버스가 금세 터미널로 접어들었다. 산등성이를 굽이굽이 돌아서 도착한 버스는 쉐프샤우엔을 모로코의 다양한 도시와 이어 주는 네트워크 기능을 한다. 버스터미널의 종업원은 트렁크 속의 수화물을 일일이 확인하고 주인들에게 인계하였다. 타고 온 버스는 잠시 휴식을 취한 후 서둘러 탕헤르를 향해 출발하였다. 버스터미널에서 쉐프샤우엔의 시가지로 가기 위해서는 경사지를 따라 걸어가는 방법, 택시를 이용하는 방법 중에서 선택을 해야 한다. 도로는 돌로 포장되어 있는 데다가 경사도 심해서 여행자가 캐리어를 끌고 이동하기에는 불편함이 많다. 택시를 타고 가기로 하자 여행비용을 아끼려는 사람이 합승을 요청해 왔다. 운전사는 흔쾌히 합승을 허락하였다. 긴 시간 동안 모로코의 산간 지방을 돌고 돌아 마침내 쉐프샤우엔의 숙소로 간다.

쉐프샤우엔은 리프산맥의 능선과
계곡에 자리한 요새이다

　도시의 첫인상은 건조기후의 회색 모래가 바람에 날리면서 만들어진 뿌연 공기이다. 시선을 하늘로 두니 맑은 하늘, 하얀 구름, 산자락의 실루엣이 인상적이다. 쉐프샤우엔의 초입은 이미 관광지로서의 면모를 갖추고 있다. 넓은 도로, 호텔, 상가, 식당, 은행, 작은 숙소 등이 눈에 먼저 들어온다. 숙박 시설로 보이는 건물들이 한창 건설 중이다. 호텔과 버스터미널을 분주하게 오가는 프티 택시들도 보인다.

　모로코에는 아틀라스산맥에서 갈라져 나온 리프산맥이 있다. 리프산맥에 티소우카Tisouka산과 메고우Megou산이 있으며, 두 산을 중심으로 거친 산을 걷는 30킬로미터 거리의 트레킹 코스도 있다. 이 두 산이 중요한 의미를 갖는 것은 쉐프샤우엔 도시의 이름과 관련이 깊기 때문이다. 나란히 우뚝 서 있는 두 개의 산이 마치 염소의 뿔chouoa을 닮았다는 데서 지명이 유래하였는데 쉐프샤우엔Chefchaouen이란 '뿔을 보아라'라는 의미이다. 티소우카산과 메고우산은 쉐프샤우엔을 마치 병풍처럼 품고 있다. 급경사의 산봉우리가 쉐프샤우엔을 굽어보고 있는 듯한 모습이다. 산자락 사이에는 깊은 계곡이 형성되어 있다. 산이 높은 만큼 골짜기도 깊으니 강물 또한 힘차게 흘러간다.

쉐프샤우엔은 티소우카산의 급경사가 완만해지는 지점에 입지한다. 도시는 경사급변점이 시작하는 해발고도 600미터 지점에서 형성되어 카스바가 있는 광장까지 펼쳐져 있다. 경사면은 도시를 건설하기에 면적이 넓지 않아서 그곳에 대신 주택을 촘촘하게 지어 살아가고 있다. 도시가 능선과 계곡이 절묘한 조화를 이루는 곳에 들어서 있어 적으로부터 도시를 방어할 때 뒷산을 활용하면 유리하다. 또한 외부에서 드나드는 적을 감시하여 주민들을 보호하기에도 최적의 장소이다. 하지만 이곳에 높고 험한 산지가 있었어도 프랑스의 제국주의를 피해갈 수는 없었다.

쉐프샤우엔은 1471년에 스페인으로부터 도망쳐 온 무어인들이 모로코 북부를 침범한 포르투갈군에게 대항하기 위해 건설한 요새로, 당시 지은 요새가 지금도 존재한다. 이 산악 도시는 중세시대 레콩키스타Reconquista 당시 유대인과 이베리아반도 출신의 무어인들이 집단 피신한 곳으로 유명하다. 무슬림이 이베리아반도에 왕조를 세워 군림할 때, 유대인은 무슬림 왕조를 도와 외교, 행정 그리고 교역에 종사했다. 1492년에 스페인에서 유대인 추방령이 내려지면서 이베리아반도의 스페인과 포

■ 버스 창밖으로 보이는 쉐프샤우엔 전경

르투갈에서 살던 유대인과 그 후손인 세파르디가 집단 추방되었다. 그 결과 유대인 15만 명 중 10만 명이 이베리아반도를 떠나거나 죽임을 당했고, 나머지 5만 명은 살아남기 위하여 기독교도로 개종하였다. 유대인 중 부유층은 새로운 스페인 왕조에 동조하여 이베리아반도에 남았다. 가난한 사람들은 난민이 되어 지중해를 건너 북아프리카 일대로 이동하였으며 쉐프샤우엔도 그중 하나이다. 유대인들은 새로운 이주 장소에서 유대교의 율법을 지키고 유대의 정신과 문화를 계승하며 살아남았다.

쉐프샤우엔의 도시 구조를 살펴보면 완경사 지역에는 주택들이 들어서 있고, 해발고도가 더 낮은 경사진 지역에는 계단식 경지가 있다. 이곳은 사람들의 발길이 적은 반면 물이 풍부하다. 물은 일상생활과 농업 등에 매우 중요한 요소이다. 외지에서 유입된 계곡 물을 이용하여 물레방아를 돌리고, 농경지의 용수로 사용한다. 건조기후의 하천은 거의 대부분 외래하천이다. 아틀라스산맥에 내린 눈이 녹아 계곡이나 지하수로 흘러 생활용수나 농업용수를 공급하는 것이다. 이렇듯 사람들은 물길을 찾아 마을을 형성하였다. 쉐프샤우엔도 염소의 뿔을 닮은 두 산으로부터 풍부한 물을 공급받는다. 지속 가능한 정착을 위해서는 물이 절대적으로 필요했기 때문에 초기 주민들은 물이 풍부한 곳을 찾아 쉐프샤우엔 도시를 세웠다.

도시의 거주지는 태양을 흠뻑 받아들일 수 있는 남쪽 경사면에 주로 입지하고 있다. 3층 높이의 집들은 남쪽으로 층마다 작은 창을 내어서 태양이 오래 머무르도록 설계하였다. 이곳은 고도가 높아 기온이 낮다는 불리함을 안고 있지만, 이곳 사람들은 그 또한 태양으로 극복하는 지혜를 가지고 있다.

쉐프샤우엔은 파란 동화 마을이다

쉐프샤우엔은 파란 나라를 생각나게 하는 마을이다. 이 마을은 규모가 크지 않아서 한 번에 둘러볼 수 있을 정도이다. 마을의 키 낮은 집과 좁은 골목은 위험해 보이지 않아 여행자가 맘대로 돌아다닐 수 있도록 자신감을 갖게 해 준다. 골목의 작고 오래된 가게들은 집의 규모에 맞게 물건을 배치해 놓고 손님들이 찾아오길 기다린다. 주민들은 험산 준령에 동화 같은 마을을 만들어 놓았다.

이 도시는 독특한 색채로 마을 경관을 조성하여 장소의 정체성을 만들었다. 배후 산지는 철분을 많이 함유하여 붉은색 기운을 토해 내고 있다. 그곳에 자리한 파란색의 건물들은 주변 산지와 금방 구별할 수 있을 정도로 색상의 대비를 가져왔다.

마을을 멀리서 바라볼수록 색의 차이를 더욱 선명하고 또렷하게 드러낸다. 이렇듯 쉐프샤우엔의 경관은 색으로부터 출발한다. 파란 나라를 연상케 하는 마을의 색채는 여느 다른 곳과는 확연한 차이를 보였다. 그 다름으로 마을은 그 마을만의 독특성을 갖게 되었고 더 나아가 원초적인 장소성을 낳았다. 지금 이곳은 파란색만으로도 장소의 정체성을 잘 보여 준다. 대부분의 골목과 집이 파랗게 물들어 있다. 파란색은 마을의 이미지를 결정하고, 다른 곳의 사람들에게 강한 인상을 준다.

하지만 마을을 자세히 보면 이곳에 파란색만 있는 것이 아니란 걸 알 수 있다. 이곳에는 흰색도 있다. 파란색과 하얀색은 다른 듯 은근히 닮아 있다. 짙은 파란색인 인디고블루가 건물의 아래쪽에 칠해져 있다. 어느 경계선에서부터는 짙은 파랑이 세월과 함께 색깔이 바래지기도 했다. 파란색이 건물 위쪽에 칠해진 하얀색과 이어져 있기도 하다. 대체로 골목의 색은 파랑과 하양 두 가지의 톤으로 그려져 있는 경우가 많았다. 하얀색은 파란색에 비해서 강렬하지는 않다. 파란색은 태양을 머금으면 채도가 약해지고 그림자가 드리우면 채도가 더욱 강해지지만, 하얀색은 빛을 받으면 더 하얗게 된다. 파란색과 하얀색이 만나 골목의 색감은 파란 듯 하얗고 하얀 듯 파랗다. 마을의 골목에서 파랑과 하양이 옅어지기도 하고 때론 강해지면서 서로 조화를 이룬다. 마을을 휘감은 두 색감이 가시광선을 타고 눈에 들어오면서 여행자를 계속 걷게 한다.

파란색은 지중해의 파란 바다를 담고 있다. 파란색은 건기의 더운 여름 동안 청정함을 주어 여름을 시원하게 해 준다. 파란색 치장은 지중해를 품고 있는 나라들이 강한 태양을 반사시켜 더운 여름을 이겨 내는 적응 방식이다. 지중해에서도 이스라엘의 다윗 시대를 꿈꾸는 유대인들은 유대교의 상징인 파란색을 좋아한다. 이것은 이슬라엘 국기에서도 확인할 수 있다. 이곳 쉐프샤우엔에 정착한 유대인들은 자신들이 믿는 종교의 상징 색인 파란색을 드러내 스스로 유대인임을 밝혔다. 더욱이 함께 피난 온 자들에게 굳이 자신들의 종교를 숨길 필요도 없었다. 그래서 유대인들은 자기 집에도 파란색을 칠해 종교 정체성을 강화하였다. 이스라엘의 멸망 이후 유대인은 지구상에 디아스포라가 되어 생존해 왔다. 세상에 유대인이 살지 않은 곳이 없을 정도로 유럽, 아프리카, 아메리카 대륙 곳곳에서 살아남은 것이다. 그들은 탈무드로 지혜를 배우고, 구약성서를 암기하고, 바리새인의 율법을 지키며 살아왔다. 그리고 현재는 이곳에서 파란색으로 응집하여 마을에 새로운 의미를 부여하고 그 이미지를 중심으로 공동체적 삶을 영위하고 있다.

쉐프샤우엔 마을에는 흰색도 있는데, 흰색은 건조기후에서 태양이 가장 싫어하는 색이다. 사람들은 흰색으로 태양을 최대한 반사시켜 작열하는 더위를 견디며 살아왔다. 사우디아라비아의 메카를 향해 알라신의 영광을 위하여 온 인생을 살아가는 이슬람교도들은 자연스럽게 흰색을 선호한다. 흰색은 이슬람교의 대표적인 상징색이다. 이슬람교도들은 자기 집 건물에 하얀색을 칠해 종교 정체성을 드러냈다. 하얀색은 정통 칼리파 시대의 상징색이기도 하다.

마을은 파란색과 하얀색의 대비를 통하여 서로의 거주지를 구별한다. 색을 통한 거주지의 구별 짓기는 서로에게 배타적 응집력을 줄 수 있다. 이슬람교도와 유대인은 지구상에서 종교정체성이 가장 강한 사람들이다. 무슬림과 유대인이 함께 섞일 수는 없다. 그들은 서로 거주지를 분리하고, 자신들의 신을 모시는 모스크와 시너고그를 각각 지어 공존하는 길을 찾았다. 무슬림과 유대인들이 생존을 위하여 한곳에 정착한 대신 서로 구별함으로써 자신들의 종교적, 문화적 정체성을 지키고자 한 것이다. 쉐프샤우엔의 유대인과 이슬람교도는 서로를 구별하여 갈등을 줄이고 내부적 결속을 강화하면서, 그리고 파란색과 흰색의 조합을 통하여 마을 공동체를 만들어서 함께 공영할 수 있는 지혜를 발휘하였다. 그 색감의 조화가 이곳으로 사람들을 부르고 있다. 1471년, 이 마을이 건설되면서 앙숙관계인 이슬람교와 유대교가 함께 살아가는 지혜를 보여 주고 있다. 마을에 자리한 모스크의 미너렛 스피커에서 나오는 아잔 소리가 이처럼 평화롭게 들리는 것은 파랑과 하양의 조화 덕분일 것이다. 마을을 동화로 만든 것

■ 더브 엘 아스리Derb El Assri 계단의 골목 풍경

은 강렬하면서도 황홀감을 주는 파란색이다. 파란색은 유대인들의 종교 정체성을 지향하는 색이었지만 마을 전체에 강렬하게 작용하였다. 디아스포라인 유대인에게 있어 모로코 이슬람세계에서의 삶은 고단하였을 것이다. 유대인들은 이 마을을 하나둘씩 떠났는데, 그 결정적인 계기는 유대인의 시오니즘이었다. 대부분의 유대인들이 다윗의 별이 빛나는, 그들 조상의 고향인 이스라엘로 회귀하였다. 유대인들이 떠난 유대교 회당인 시너고그는 현재 이슬람교의 모스크로 사용되고 있다. 지금 쉐프샤우엔 사람들은 유대인이 남기고 떠난 파란색으로 마을 정체성을 더 넓게 그리고 진하게 확장시켰다. 결과적으로 마을은 동화를 더 많이 닮게 되었고, 산악 마을의 수입을 올려 주는 중요한 메커니즘이 되었다.

석양의 메디나는 몽환적이다

쉐프샤우엔의 북동쪽 산자락을 따라 메디나를 걷다 보면 작은 아치형의 안사르 문Bab El-Ansar을 만난다. 이 문을 지나 골목을 따라 상류로 걸어가면 전통 빨래터Ras El Ma가 나온다. 마을의 모든 도로는 계곡의 상류인 이곳으로 모인다. 아니 이곳에서부터 마을이 시작된다. 이곳에는 댐을 쌓아 저수지를 만들었다. 이 저수지의 물은 마을 주민의 상수원이다. 저수지의 제방을 채우고 남은 물은 댐 아래의 하류로 흘러간다. 계곡의 하천 주변에 콘크리트로 물길을 만들고, 마을 공동 빨래터를 만들어

■ 전통 빨래터

두었다. 페스의 메디나에서 본 공동체의 삶과 유사하다. 메디나의 집들은 작고 좁아 빨래를 할 정도의 공간이 확보되지 않았다. 그래서 주민들은 물의 확보가 유리한 상류에 빨래터를 만들어 공동체의 삶을 운영하였다.

전통 빨래터를 지나면 스페인 모스크Spanish Mosque로 가는 길이 나온다. 경사지를 걸어 올라가면 마을 뒷산의 습곡 지형과 절벽 등이 나온다. 여행자들은 이 오르막길을 마다하지 않는다. 계단을 따라 더 올라가면 발아래에 펼쳐질 아름다운 경관이 기다리고 있기 때문이다. 스페인 모스크로 오르는 시간은 신의 보호 아래 하루를 지낸 뒤 태양도 숨을 죽이는 석양 즈음이 가장 좋다. 쪽빛 하늘에 석양이 지며 마지막 붉은 노을을 토해 낸다. 여행자들이 이런 황홀한 풍경을 놓칠 리가 없다. 현지 주민들에게는 날마다 만나는 일상적인 풍경이지만, 그 특별한 풍경을 보기 위해 땅거미가 지기 전에 스페인 모스크의 앞터로 자리를 잡는다. 스페인 모스크 광장 앞 난간에 걸터앉아 모스크 아래 산의 능선에 건축된 아름다운 마을 경관을 한눈에 담아 본다.

여행자들은 스페인 모스크에서 파노라마로 펼쳐진 마을의 전경을 저마다의 방법으로 바라본다. 언덕 위에서는 파란색을 띠고서 능선에 촘촘히 들어선 집과 건물들, 마을 옆으로 흘러가는 작은 하천을 볼 수 있다. 해거름이 되면서 마을과 하늘 사이로 어둠이 점점 밀려오더니, 마을의 가로등이 하나둘씩 켜진다.

4장 ★ 동화 같은 고산 도시, 쉐프샤우엔

가정집에서는 서둘러 저녁을 준비하고 가족들이 둘러앉아 하루를 보낼 것이다. 마을의 가로등은 어둠과 밝음의 대비를 잘 보여 주며 어두워진 마을을 장식한다. 특히 모스크의 미너렛을 비춰 주는 주황색의 경관조명이 가장 눈에 띈다. 일찍 어두워지기 시작하는 겨울이면 마을의 모스크들이 서로 다투듯이 확성기로 아잔을 들려준다. 아잔 소리는 애잔한 톤으로 밤이 찾아온 마을 곳곳을 떠돌며 각 가정으로 파고든다. 이슬람교의 지역을 여행할 때마다 만나는 아잔은 여전히 이색적이다. 어느 종교든지 영적인 요소가 있다. 어릴 적 마을에는 시계가 부족할 때 낮 12시를 알리는 오포 소리가 있었다. 예배 시간을 알리는 교회 종소리가 시골 마을에 울려 퍼지던 기억이 있다. 평범한 일상에서 신과의 교감을 하는 시간이었다. 그 후 기계의 힘을 빌려 차임벨로 바뀌더니 교회 종소리는 자취를 감추었다. 삶과 죽음 사이에서 살아가는 인간은 늘 죽음 이후의 세계에 대해 관심을 갖는다. 아잔 소리는 오늘의 삶을 주신 신에게 감사하라는 메시지로 들려 온다.

마을 언덕에 서서 파랑과 하양이 태양빛 속에서 푸른 기운을 쏟아 내는 광경을 보았다. 저무는 해거름에 마지막 태양을 토해 내는 붉은 노을과 땅거미가 지는 마을에 빛을 비추는 가로등은 마치 어둠과 빛이 공존하는 것처럼 보인다. 그들의 어우러짐이 감성을 자극하면서 꿈과 환상의 세계로 이끌어 준다.

■ 케프사우엘이 전경

■ 땅거미가 지는 체프사우엔

메디나의 메인 광장과 카스바를 걷는다

쉐프샤우엔의 골목길 여행은 메인 광장, 빅 스퀘어Big Square
에서 시작한다. 이곳의 이름은 '공중목욕탕 광장Place Outa El
Hammam'으로, 라우아치드Raouachid 왕자의 집권 시기에 메디나
에 세워진 최초의 광장이다. 좁은 메디나에서 보기 드물게 넓은
곳이어서 큰 광장이라는 별칭도 얻었다. 광장의 바닥은 벽돌로
포장되어 있고 중앙에는 구상나무 같은 키 큰 침엽수림 한 그루
가 우뚝 서 있다. 이슬람 사회이지만 나무에 크리스마스 장식을
해둔 것이 눈에 띈다. 나무 주변은 견고한 울타리로 둘러싸여
있어 마치 나무가 이곳을 수호하는 동수洞樹같이 느껴진다. 광
장은 사람들이 모이는 곳이고, 사람들이 모이기에 가게들이 펼
쳐져 있다. 기념품을 파는 가게, 식당, 노점상 등이 광장 주변에
즐비하다.

카스바와 모스크 곳곳에 시멘트로 엉성하게 만든 벤치들이
있다. 광장으로 나온 마을의 노인들이 벤치들을 차지하고 있다.
광장 주변에는 파라솔을 세우고 여행객들에게 음식이나 음료수
를 파는 간이 시설들이 있다. 많은 여행자들이 메디나를 방문하
는 만큼 주변에는 이들을 위한 현대식 호텔도 있다. 호텔 앞에는

세월을 짐작할 수 없는 고목이 자리하였고, 고목을 중심으로 회전 교차로가 있다. 이곳은 외부에서 들어오는 여행자를 맞이하는 곳이다. 걷거나 택시를 타거나 셔틀버스를 타고서 이곳에 내리면 쉐프샤우엔의 영역에 들어선 것이다.

메인 광장은 종교와 행정의 기능을 하는데 그중 모스크가 종교의 기능을 한다. 광장의 모스크는 사람들이 드나들 수 있게 개방되어 있고, 이슬람교도들은 이곳에서 신앙의 예를 갖춘다.

■ 메인 광장

모스크는 건물의 2층에 자리하며 본체와 미너렛은 붉은 벽돌로 건축되었다. 모스크 안은 여느 모스크와 똑같다.

메인 광장의 주인공은 카스바이다. 카스바는 1471년에 쉐프샤우엔의 설립자인 물레이 알리 벤 라시드Moulay Ali Ben Rachid 가 건설하였다. 그런데 세라믹 설명문에는 물레이 알리 벤 무사 Moulay Ali Ben Musa로 적혀 있다. 현재 카스바는 모로코의 문화재로 등록되어 보호를 받고 있다. 카스바 입구는 매우 좁고, 입구를 통과하면 중정이 나온다. 중정에 있는 작은 분수대를 중심으로 원형의 산책로가 있고 다시 십자 모양의 산책로로 이어진다. 중정에는 종려나무, 오렌지나무가 자라고 있고 주변에 정교하게 단장한 작은 화단 등이 있다. 이들이 삭막한 카스바에 녹음의 생명을 준다. 카스바는 요새이기에 외부와 차단되도록 건축되었다. 붉은 벽돌을 층층이 쌓아 성벽을 만들었고, 성채 주변에 작은 해자를 만들어 놓았다. 카스바 안에는 성벽을 오를 수 있는 계단이 있다. 꼭대기에 오르면 메디나의 전경을 볼 수 있다. 카스바의 붉은 요새는 이베리아반도의 많은 궁전과 닮았다. 또한 카스바에는 마을의 율법으로 주민들을 치리하는 기능이 있다. 이곳에는 감옥이 있고, 율법을 집행하는 장소가 존재한다. 전시에는 철옹성으로서의 기능을 하여 철통같은 방어 기능을 한다. 카스바는 건축 연도만으로도 충분히 보호받을 만한 가치가 있으며, 쉐프샤우엔의 랜드마크로서도 손색이 없다.

메인 광장의 모스크   메인 광장의 카스바

메디나의 골목을 유유자적 걷다

1471년에 건축된 마을 골목길을 걷는다. 이곳의 메디나는 만만하다. 페스의 메디나와는 달리 그 규모가 작아서 두려움이 덜하다. 길을 잃을 걱정이 적으니 발걸음이 가볍다. 그래도 늦은 밤의 골목은 그 어느 곳도 안전하지 않음을 명심해야 한다. 메인 광장에서 메디나로 가는 길에는 작은 소품, 기념품, 식당, 잡화점, 생활용품 등의 가게들이 줄지어 있다. 상가에서 파는 작은 기념품들로는 향신료, 오일, 향수, 비누가 대표적이다. 그중에서 비누가 유명하다. 분홍색, 파란색, 갈색, 보라색 등의 비누를 각각 낱개로 포장한 후 다시 4-5개를 쌓아서 포장하여 판다. 지푸라기로 묶은 한 세트의 비누가 처마에 대롱대롱 매달려 있다. 보기만 해도 앙증맞기 이를 데 없다. 알라딘 램프 모양의 가게에서 만난 비누 다발은 여행자가 사진기를 들게 한다. 가게들을 둘러본 후 좁은 골목의 언덕길로 올라 메디나의 골목을 여행한다.

이곳 여행에서 꼭 해야 할 일은 파란색의 골목길을 걷는 것이다. 골목을 따라 걷다 보면 더브 엘 아스리Derb El Assri 계단길이 나온다. 골목의 막다른 집까지 가는 거리는 길지 않다. 이곳의 집주인은 메디나의 골목을 공동체의 골목으로 만들었다. 골

■ 알라딘 가게의 비누 기념품

목뿐 아니라 길거리의 계단까지도 진한 파란색으로 꾸몄다. 메디나의 골목은 골목을 중심으로 양쪽에 가정집들이 있다. 보통 네다섯 집들이 골목 하나를 공유하고 있다. 그들은 자신들의 공유 공간을 모두의 공간으로 내주었다. 골목의 계단과 벽에 걸려 있는 형형색색의 작은 화분이 골목길을 더 아름답게 해 준다. 파란색 벽에 빨강, 노랑, 초록 화분들이 나무와 풀과 꽃을 담아 삭막한 골목에 생명을 불어넣는다. 파란 벽이 아무리 황홀할지라도 나무와 풀과 꽃이 가지는 살아 있는 푸름에 견줄 수는 없다.

다음으로 아름다운 골목은 전통 빨래터 근처의 포토 스폿 photo spot이다. 특별히 이름을 가진 곳은 아니다. 이곳 또한 골목에서 집으로 들어가는 입구를 파란색으로 칠하였다. 내부는 화분으로 장식하고 이슬람의 장식품을 배치하였다. 또 가정집과 차단하기 위하여 창문에는 커튼을 달아 두었으며 벽에는 여행을 많이 오는 국가의 언어로 포토라고 적어 두었다. 이곳은 입장료로 5디르함을 받고 있다. 동화 같은 마을에 외국의 여행객들이 밀려오니, 집주인은 발 빠르게 사업 수완을 부렸다. 집주인은 골목 옆의 공간을 파란색으로 치장하여 여행자에게 예쁜 경관을 제공하고, 여행자는 돈을 지불한 후 추억에 남는 사진을 얻는다. 주인은 사람들이 붐비면 사진 찍는 시간을 통제하기도 한다. 여러모로 서로에게 만족스러운 거래가 이루어지는 곳이다.

▭ 골목길에서 이어지는 가정집   ▭ 골목길의 사진 촬영 장소

229

메디나의 파란 골목에서는 작은 편린들을 만날 수 있다. 골목에서 만난 편린들은 조각보의 작은 천 조각들처럼 여행자의 마음속에 똬리를 튼다. 벽돌과 회칠로 치장한 삭막한 골목에 포도나무가 힘들게 넝쿨을 이어 생명을 유지한다. 어느 골목에나 작은 화분을 벽에 매달거나 가장자리에 화분을 두어 생명을 키운다. 골목의 바닥은 사람들의 잦은 발걸음으로 돌이 반질반질하다. 화분은 형형색색으로 두어 파란색과 대비를 이루는데, 특히 화분의 녹색 기운이 골목에 생기를 준다. 꽃 화분들은 생명에 화려함을 더해 준다. 어떤 화분에는 파, 상추 등이 심어져 있어 가정에 푸성귀를 공급하는 기능을 한다.

골목 안의 문을 열고 들어가면 저마다의 삶을 영위하는 가정집들이 보인다. 메디나에 사는 소시민들이 담장을 사이에 두고 안과 밖의 삶을 구분하여 살아가고 있다. 집안 사정을 여행자들에게 드러내길 좋아할 리가 없다. 하지만 세계 어느 골목에서나 볼 수 있는 옥상이나 창가에 내다 말리는 빨래와 이불을 볼 때면 그들의 삶을 자연히 머릿속에 그리게 된다. 중정 아래로 떨어지는 햇빛이 생활에 큰 영향을 줄 것으로 보인다. 골목을 걸으면서 생의 한가운데서 치열하게 살아가는 사람들의 모습을 상상하는 것만으로도 즐겁다. 원래 볼 수 없을 때 더 많은 호기심과 상상력이 싹트는 법이다.

좁은 골목에 물건을 잔뜩 실은 당나귀가 지나간다. 당나귀는 양옆으로 가스통을 메어 균형을 유지하면서 거친 돌길을 걸어간다. 전통적인 운송수단인 당나귀와 현대사회의 편리함을 주는 프로판 가스통이 대비를 이룬다. 당나귀는 좁은 골목에 최적화된 운송수단으로 이곳 메디나의 주택들을 이어 주는 역할을 수행한다. 당나귀는 알아서 골목길을 걷는다. 당나귀를 모는 사람이 뒤를 따른다. 또 다른 운송수단으로 작은 오토바이에 화물칸을 개조한 것도 보인다. 더디게 가는 당나귀와 빠르게 가는 개조 오토바이가 골목의 택배를 감당하고 있다. 골목에서 당나귀와 오토바이를 만날 때마다 벽에 바짝 달라붙어 그들을 먼저 보낸다.

메디나의 골목을 걷던 중 문득 어느 아파트의 택배 갈등이

■ 골목의 가스 배달 오토바이

생각난다. 물건을 받는 사람과 물건을 전하는 사람 간의 갈등이다. 이 문제는 기본적으로 택배 노동자의 노동권과 아파트 주민의 안전한 보행 권리 사이의 갈등이다. 공급자의 편의와 소비자의 안전 간의 문제로도 볼 수 있다. 거기에는 이기심이 숨어 있다. 아파트 주민은 택배 노동자의 이차적인 작업 활동이 있을지라도 아파트의 가격 하락을 두려워한다. 택배회사는 택배 노동자의 추가 노동이란 비용 상승과 건강 문제를 고려하지 않고 이윤을 추구한다. 그 중간에 힘없는 택배 노동자가 있다. 메디나 여행 중에 만난 당나귀가 내게 묻는 듯 하다. 넌 당나귀와 택배 노동자의 고단한 삶을 한 번이라도 생각해 본 적이 있냐고 말이다. 당나귀와 택배 노동자는 우리 사회의 모든 사회적 약자를 대변한다. 지금 삶이 고달프다는 그들의 아우성이 귓가에 맴돈다.

메디나 골목에서 엘 카디 벤 마이문El Kadi Ben Maymoun이라는 작은 책방이 눈에 들어온다. 책방임을 알리는 문구가 아랍어와 프랑스어로 표시되었다. 네 단으로 짜인 세 개의 문이 달려 있고, 문짝에는 이 책방의 역사를 알려 주는 사진들이 붙어 있다. 간판에 적혀 있는 서점이라는 뜻을 가진 프랑스어 librairie를 도서관이라는 의미로 읽고 싶어졌다. 골목 밖까지 정갈하게 진열된 책에는 주인의 애정이 묻어 있다. 차곡차곡 책의 단을 쌓아 옆으로 비스듬히 줄을 세우고 다시 책을 세워 진열해 두었다. 어느 책의 출판 연도가 1981년인 것으로 보아 이 책방의 역사를

가늠할 수 있다. 아랍어를 읽을 수 없어서 책방 주인의 정성에
보답할 길이 없어 아쉬웠다. 책방 문 앞에는 키 낮은 둥근 의자
가 있다. 주인은 그 자리에 앉아 책 한 권을 손에 들고 읽으면서
손님을 기다린다.

■ 골목의 작은 책방

책방 주인은 문에 예전의 책방 사진을 붙여 놓았다. 길거리에 진열된 책의 높이를 보면 과거에 이 책방이 번성했을 것으로 짐작된다. 메디나에 있는 주택의 지붕마다 둥근 위성 안테나가 걸리기 전까지는 이 책방이 메디나에서 지성소이자 최신 뉴스의 공급처였을 것이다. 이곳에 있는 낡은 책의 모습만큼이나 아날로그의 대명사인 책방은 모로코 쉐프샤우엔에서나 우리나라에서나 위기를 겪고 있다. 메디나의 역사를 지키고 있는 책방이 화석이 되지 않길 간절히 바라면서 발길을 옮긴다.

책방 근처에는 향신료 가게도 있다. 플라스틱 통 속에 담긴 무지개 색의 향신료가 길을 지나는 사람의 시선을 사로잡는다. 어릴 적 미술시간에 쓰던 팔레트가 생각났다. 수채화를 그리기 위하여 팔레트에 물감을 짜 붓으로 채색을 하였다. 미술시간은 그림 그리기가 무척이나 힘들었기에 행복한 수업시간이 아니었지만 잘 그리고 싶은 욕망은 강하였다. 지금 생각해 보면 선생님이 그림을 그리는 방법을 잘 가르쳐 주지는 않은 듯하다. 하긴 그 많은 학생들을 일일이 지도하기란 애초부터 불가능했다고 볼 수 있다. 그림 그리기는 어느 정도 재능을 요하는 것이니 그림을 감상하는 수업을 많이 했으면 좋겠다. 모두를 위한 미술교육으로 감상교육이 훨씬 효과적일 것으로 생각된다.

골목을 걷다 보면 골목에 앉아서 쉬는 노인들을 볼 수 있다. 거리에는 거의 남자 노인들만 보인다. 새삼 이곳이 남성 중심의 이슬람 사회임을 실감한다. 거리의 노인들은 광장 주변이나 가게 근처에 앉아서 놀고 있다. 무리를 지어서 노는 것보다는 혼자서 지내는 노인들이 많다. 노인들이 입고 있는 옷이 인상적이다. 젤라바jellaba라는 옷이 통으로 되어 있고 고깔 모양의 모자가 달려 있는 전통 의상이다. 젤라바는 면이나 개버딘으로 만들며 흰색, 회색, 푸른색이 있다. 계절에 따라 색깔이 다양하나 주로 흰색을 입는다. 모로코에서는 남자의 젤라바는 갈색계통 줄무늬 직물로 만들며 품이 넉넉하고 발도 감출 정도로 길게 입는다. 같은 옷 감의 후드가 달려 있는데 이것은 쓰지 않고 뒤로 늘어뜨리고 따로 후드나 두건을 쓰는 것이 특징이다(이인자, 송선옥, 1997, 20). 이 것을 입고 가는 뒷모습이 개구쟁이 스머프를 연상시켰다. 젤라바를 길게 늘어뜨리고 고깔모자를 쓰고서 한 노인이 느리게 메디

■ 골목의 가게에서 파는 향신료

나 골목을 걷는다. 가는 행선지가 그렇게 중요해 보이지는 않았다. 골목길에서 만난 어느 노인은 쉐프샤우엔에 애정이 깊은 듯 메디나의 구석구석을 자발적으로 안내해 주었다. 그는 엘 아인 문Bab El-Ain Gate에서부터 작은 가게, 전통이 있는 가게, 스토리가 있는 골목 등을 성심껏 설명해 주었다. 그는 골목길의 설명을 마친 후 뭔가를 바라고 과도한 친절을 베푼다고 생각한 여행자를 무안하게 만들고 총총히 사라져 갔다.

메디나의 골목길을 걷다 보면 느리게 걷거나 양지바른 곳에서 졸고 있는 고양이를 많이 볼 수 있다. 고양이는 사람들의 시선에 별로 눈길을 주지 않는다. 자신의 나라에 오가는 낯선 사람에 대해서 심드렁한 표정을 짓고 있다. 고양이는 벤치, 계단, 가게 앞, 골목거리, 다리 난간, 모스크 앞 등 어느 곳에서든지 볼 수 있다. 고양이는 길고양이로 보인다. 누구도 고양이를 경계하는 눈치는 아니었다. 고양이는 누구도 인정하지 않을지라도 골목의 주인처럼 행동한다. 사람과 동화되어 살아온 지 오래되어 사람들을 두려워하지 않는다. 이미 고양이는 메디나 주민과 동반자의 지위에 올라 있는 것으로 보인다.

메디나의 주민들은 이슬람교의 창시자 모하메드가 남다르게 고양이를 좋아했던 것처럼 고양이를 함부로 대하지 않는다. 아니 모하메드처럼 고양이를 가까이 하고 좋아하는 것으로 보인다. 고양이는 사막 여행시 대접을 받던 동물이다. 사막을 여행할 때 고양이는 필수적인 동반자이다. 식량이 떨어져 낙타를 잡아먹을지라도 고양이는 마지막까지 여행자와 함께 동반한다. 그 이유는 고양이가 사막에서 전갈, 독사 등으로부터 자신을 보호해 줄 수 있기 때문이다. 그만큼 건조기후에서 남다른 대접을 받는 동물이 고양이다. 그것을 알기나 하듯이 골목을 걷는 고양이의 자태가 예사롭지 않다. 거만할 정도로 느릿하게 걷는다. 시선을 좌우로 여유 있게 주고서 기품을 잃지 않는다. 메디나의 골목에서 만나는 고양이에 나도 애써 눈길을 주지 않고 걷는다. 이것이 고양이에 대한 최고의 예우이다. 어느덧 나도 고양이 걸음을 하며 그보다 더 느릿하게 골목을 걷고 있다.

■ 골목에서 만난 고양이

쉐프샤우엔에서는 메디나의 리아드에서 잠을 청해도 좋다. 페스의 리아드보다 규모가 작지만 아기자기하다. 이곳의 리아드에서 잠시나마 모로코의 생활을 경험할 수도 있다. 쉐프샤우엔의 리아드 숙소에도 높이 올라가는 좁은 계단과 중정이 있고, 넓은 테라스 또한 있다. 골목이 파란색이라면, 메디나의 속살은 황토색에 가깝다. 막 구워낸 질박한 토기와 같은 분위기가 있다. 아침 식사는 모로코 음식과 유럽 음식이 적당하게 결합하여 제공된다. 아침 시간에 마셨던 리아드의 진한 모로코 커피가 기억에 남는다. 리아드의 실내는 현대식 시설을 갖추고 있으면서도 모로코의 전통미를 잃지 않았다.

쉐프샤우엔의 여행을 마치면서

메디나의 골목을 걸었다. 메디나의 골목을 걷다가 작은 도넛 하나를 입에 문다. 파란 나라가 눈을 즐겁게 하고, 길거리의 1디르함 짜리 도넛이 입을 즐겁게 한다. 삶이 언제나 동화 같지는 않을 것이다. 먹거리 같은 실존적인 문제가 언제나 도처에 있기 때문이다. 오늘도 골목을 걸으면서 모로코의 한 자락을 경험한다. 그리고 모로코를 더욱 살갑게 이해한다. 분주한 일상에서 벗어나 쉐프 샤우엔에서 몽환적이며 비현실적인 삶을 경험해도 좋다. 메디나 골목 밖의 삶이 고단할지라도 이곳에서 잠시 철없는 아이로 돌아가도 좋다. 개구쟁이 스머프처럼 말이다.

■ 리아드의 중정

5장 ☆

세계로 열린 도시,

탕헤르

Spain

Mediterranean Sea

Tánger

Atlantic Ocean

Chefchaouen

Rabat

Fes

Casablanca

Morocco

Atlantic
Ocean

Morocco

Algeria

Western Sahara

쉐프샤우엔에서 탕헤르로 가는 길

버스는 아틀라스산맥의 지맥인 리프산맥의 능선을 따라 산 아래로 미끄러지듯 내려간다. 쉐프샤우엔의 계단식 경지를 눈으로 감상하기도 전에 서둘러 달려 내려간다. 버스가 한참이나 아래로 내려가더니 어느덧 하천과 어깨를 나란히 하며 달리고 있다. 쉐프샤우엔에서 탕헤르로 가는 왕복 2차선 도로는 자연 지형을 거스르지 않고 길이 나 있어 버스가 속도를 낼 수 없다. 버스가 천천히 달리니 주변의 경관을 관찰하기가 좋다. 마을, 경지, 양, 당나귀, 말, 젖소, 농부, 나무, 밭고랑, 트랙터 등이 눈에 선명하게 들어온다.

버스가 굽이굽이 강과 산을 휘돌면서 달린다. 어느덧 버스는 중간 기착지인 테투안Tetuan에 도착하였다. 이 도시에 도착했다는 것은 버스가 산간 지방에서 벗어나 탕헤르에 가까이 왔음을 의미한다. 버스가 지중해 해안가를 따라 동쪽으로 달린다. 비 내리는 지중해를 보면서 탕헤르 외곽 지역에 접어들었다. 탕헤르에는 벌써 어둠이 내리고 불이 밝혀 있다. 산간 지방과 전혀 다른 탕헤르 도시 경관을 보던 중에 버스는 도시 안으로 파고들었다. 도시 외곽에서부터 공업단지, 도로, 하천, 가로등, 주택단지 등이 많아진다. 버스가 탕헤르 외곽에 위치한 버스터미널에 도착하니 본격적으로 거대한 탕헤르가 눈에 들어온다.

탕헤르는 겨울철에 비가 많이 내리는 지중해성기후의 특징을 실감하게 한다. 어둠이 깃든 도시에 겨울비가 내리니 주황색 가로등이 도로의 물기에 반사되어 길이 반짝거린다. 버스터미널에서 탄 그랑 택시기사는 탕헤르의 도심으로 향하면서 여행자에게 도시의 주요 명소를 부지런히 설명해 준다. 그는 민자호텔, 프랑스 지구, 그랑 카페 드 프랑스, 원형경기장(현재는 폐쇄됨) 등을 소개해 준다. 이미 피곤해진 여행자는 그의 진지한 설명을 듣는 둥 마는 둥 하며 숙소로 향하였다.

도시를 여행하다 보면 도시 전체를 이해하기가 쉽지 않다. 일반적으로는 여행 책자를 보고 도시의 주요 명소들을 먼저 찾아 본다. 여행자는 여행지의 랜드마크가 무엇이고 어디에 있는지를 살펴본다. 랜드마크인 여행지의 명소를 찾아가려고 대중교통이나 렌터카 등을 이용한다. 명소에 이르도록 안내해 주는 교통수단은 랜드마크와 랜드마크를 이어 주는 네트워크 기능을 한다. 도로망 네트워크를 알기 시작하면 대체로 여행지에 대한 체계적인 이해가 가능하다. 하지만 보통 여행기간이 짧기 때문에 랜드마크를 중심으로 여행을 마칠 가능성이 높아 여행을 다녀온 후에는 여행지의 주요 건물이나 시장, 박물관, 미술관 등을 중심으로 여행을 기억할 수밖에 없다. 그래서 여행자는 여행지를 랜드마크 중심으로 한 점적點的인 이해를 한다. 다음으로 랜드마크와 랜드마크를 이어 주는 도로망 체계를 중심으로 한 선적線的인 이해를 한다. 버스 노선, 지하철 노선 등을 이해하기 시작하면 선적인 이해를 하고 있다고 볼 수 있다. 마지막으로 랜드마크, 도로망 등을 이해하면 여행지의 전반적인 틀을 이해하여 면적面的인 이해를 한다고 볼 수 있다.

탕헤르의 숙소에 도착하여 그랑 택시기사가 알려 준 랜드마크를 지도에서 찾아 그곳으로 가 보았다. 탕헤르 외곽의 버스터미널에서 도심의 호텔까지 이르는 길을 지도에서 복기하였다. 탕헤르에 대한 전반적인 모습이 눈에 들어오기 시작한다. 그랑 택시기사가 랜드마크를 중심으로 열심히 설명해 주었으나 그때는 그 설명과 친절을 받아들일 준비가 되어 있지 않았던 것이다. 탕헤르에 대한 최소한의 면적인 이해를 토대로 하여 본격적으로 탕헤르 여행을 감행하고자 한다.

모로 가도 탕헤르만 가면 된다

탕헤르를 생각하면 "무언가를 간절히 원할 때, 온 우주는 자네의 소망이 실현되도록 도와준다네."(파울로 코엘료, 『연금술사』, 74)라는 글귀가 떠오른다. 여행에 대한 간절함이 있는 사람에게는 탕헤르라는 지명이 낯설지 않을 것이다. 탕헤르는 아프리카에 속한 땅이지만 많은 사람들은 탕헤르를 이베리아반도와 연계하여 인식할 가능성이 높다. 탕헤르는 북아프리카, 이베리아반도와 지중해가 함께 떠오르는 곳이다. 탕헤르와 관련된 여행가들은 코엘료의 소설 『연금술사』에 나오는 산티아고, 세계적인 여행자인 이븐 바투타, 탕헤르 인근의 세우타 출신인 이드리스 등이 있다. 여행을 꿈꾸는 사람들은 탕헤르를 발판으로 삼아더 멀리, 더 넓은 세계로 나아가고자 했다. 탕헤르는 여행을 꿈꾸는 사람들에게 인간의 집시 본성을 자극한다. 인간이 가진 원초적인 본성인 노마드를 마음속 깊은 곳에서 끌어올려 탕헤르여행을 시작한다.

탕헤르 여행을 그랑 호텔 빌라 드 프랑스Grand Hotel Villa de France에서 시작한다. 지중해가 보이는 언덕에 위치한 이 호텔은 종려나무가 무성한 근대식 건물이다. 이 호텔에 관해 브로슈

■ 그랑 호텔에서 본 탕헤르 항구

어는 "여러분은 그랑 호텔의 멋진 테라스에서 많은 예술가들을
사로잡은 매혹적이며 생생한 광경들, 즉 산물이 풍족한 도시,
항구, 흐릿하게 보이는 지브롤터 해협의 푸르고 파란 바다와
멀리 보이는 지브롤터 섬을 볼 수 있다."라고 소개하고 있다.
1880년에 건축된 이 호텔은 제국주의 시대에는 제국들이 자신

5장 ★ 세계로 열린 도시, 탕헤르

의 야욕을 숨겨 서로를 속고 속이는 사교의 장소가 되기도 하였다. 여기는 '프랑스의 대저택'이라는 호텔 이름처럼 프랑스가 선점한 곳이다. 식민 지배자들이 이곳에 모여 탕헤르의 도시 전경을 감상하면서 식민지에서의 착취를 모의했을 것이다. 제국주의를 등에 업은 사업가들은 여우 같은 상술을 발휘하며 착취의 전선에 제일 먼저 뛰어들었을 것이다. 그들은 400제곱미터의 호텔 테라스에서 하얀 천이 깔린 테이블에 앉아 포도주를 마시면서 심장이 멎을 듯이 아름다운 탕헤르 풍경을 발아래 두고 파티를 즐겼을 것이다. 그림 같은 탕헤르의 전경과 달리 호텔 테라스 바로 아래에는 베르베르인과 무슬림들이 실존적 삶을 영위하는 시장과 메디나가 있다.

탕헤르라는 지명은 제국주의의 소산이다

탕헤르는 베르베르어로 틴기 +ɛIΧ‹, 라틴어로 틴기스Tingis, 아랍어로 탄자ﻃﻨﺠﺔ, 스페인어로 탕헤르Tánger, 포르투갈어로 탕제흐Tánger, 프랑스어로 탕제Tanger, 영어로 탠지어Tangier로 불린다. 기원전 7세기경에 페니키아의 식민 도시로 건설된 탕헤르의 어원은 항구라는 뜻을 가진 티기시스tigisis에서 비롯되었다고 한다. 탕헤르는 베르베르어로 수로를 뜻한다. 이렇듯 탕헤르는 딴좌, 땅져, 텐지어 등 다양한 이름으로 불린다. 탕헤르를 부르는 다양한 이름만큼이나 이 도시의 지배자도 자주 바뀌었다. 처음에는 베르베르인이었고, 이후 스페인, 프랑스 등으로 지배 국가가 바뀌었다. 탕헤르의 이름이 다양하다는 것은 이곳이 지리적 요새이자 전략적 요충지임을 말해 준다.

스페인은 지중해 건너 북아프리카를 탐하였다. 무어인에게 700년 동안 식민 지배를 받은 것을 앙갚음이라도 하듯 지중해 건너의 탕헤르를 지배하려고 했다. 스페인은 모로코의 일부를 점령하여 식민 지배를 하였고 그 기억을 지명으로 각인시켜 놓았다. 세계의 많은 사람들이 이곳을 탕헤르라는 지명으로 기억하고 있는 점이 이를 충분히 증명한다. 탕헤르의 현지어는 딴좌이다. 같은 어원을 가진 지명이지만 어릴 적부터 탕헤르라는 이름을 더 많이 사용해 왔기 때문에 발음하기가 여전히 어색하다. 모로코의 식민지 유산인 지명을 보면서 우리의 사례도 생각해 본다. 일제 강점기에 순수 우리말로 이루어진 수많은 지명들을 일본식 한자어로 둔갑시켜 원래 의미와 전혀 다른 한자어 마을 명으로 바뀐 것이 많이 있다. 심지어는 일본인 농장주나 사업가의 이름을 지명으로 사용하기도 하였다. 뜻있는 사람들의 지속적인 노력으로 일본식 지명을 교정해 오고 있지만 아직도 여전히 남아 있다.

지명은 오랜 시간 이루어진 기억 창고이자 타임캡슐이다. 한 지역의 자연, 역사, 문화 등을 압축하여 담은 콘텐츠인 만큼 지명에는 지역의 장소성이 담겨 있다. 지명의 유래를 아는 것은 지역에 대한 이해를 가장 효율적으로 접근하는 방식이다. 지명은 지리학, 역사학, 인류학, 국어학 등 다양한 분야에서 연구 테마로 삼고 있다. 주민들은 지명에 대한 자긍심을 갖고서 자신의 정체성을 형성하며 더 나아가 향토 사랑으로 승화시키기도 한다.

탕헤르는 지리적 이점을 가진 땅이다

탕헤르는 지리적으로 전략적인 지역이다. 지중해가 대서양으로 이어지는 좁은 목에 위치하여 일찍부터 배의 항로가 발달하였다. 탕헤르 항구는 세비야, 말라카, 카르타고, 알렉산드리아 등 지중해의 주요 항구들과 네트워크를 형성하였다. 그리고 땅이 지중해로 튀어나온 지형인 곶에 위치한 탕헤르는 북아프리카에서 유럽 대륙과 가장 가까운 곳이다. 이곳과 이베리아반도와의 거리는 27킬로미터에 불과하여 안달루시아 지방을 육

안으로 볼 수 있다.

탕헤르는 지리적 이점을 활용하여 무역의 중심지로 발달하였다. 서로 부족한 것과 유리한 것을 중심으로 비교우위에 있는 품목들을 교류하면서 상호 이익을 도모하였다. 관세를 기꺼이 지불하고도 남을 정도의 이윤이 보장되는 도시가 탕헤르이다. 탕헤르 항구에서 북아프리카의 산물인 향신료, 가죽제품, 수공예품 등을, 이베리아반도의 산물인 농산물, 공산품 등을 교역하였다. 그리고 멀리 이집트, 이탈리아 등에서 오는 물자의 교류도 활발히 이루어졌다.

탕헤르는 대서양과 지중해를 잇는 길목이자 북아프리카와 이베리아반도로 오가는 길목이다. 길목은 곧 사람과 물자의 왕래가 잦음을 의미한다. 하지만 국가들이 힘의 균형을 잃으면, 그 피해를 가장 먼저 겪는 곳이 되기도 한다. 한 국가가 번성하면 다른 나라의 경계를 넘고자 하는 욕심이 발생한다. 국경의 확장은 전쟁으로 이어진다. 국경을 두고 서로 긴 시간 동안 싸울 수밖에 없다. 이렇듯 지리적 이점으로 약탈의 표적이 되고 강국은 지리적 이점을 가진 곳을 차지하겠다고 억지를 부린다. 이베리아반도와 북아프리카는 역사적으로 상극관계를 오랫동안 유지해 왔다. 뺏고 뺏기는 악순환이 천 년의 세월을 거쳐 이어지고 있다. 그런 점에서 탕헤르는 상호 약탈을 위한 전진 기지이기도 하다.

▱ 지중해 너머로 보이는 이베리아반도　▰ 카스바에서 본 탕헤르 항구

탕헤르는 세계로 열린 창이다

탕헤르는 문화 교차로여서 문화다양성이 존재하는 곳이다. 탕헤르를 왕래하는 사람마다 자신의 문화를 가지고 있다. 이베리아반도 안달루시아에 알람브라 궁전을 짓고 700여 년을 지배한 무어인들은 중세 암흑기에 유럽으로 이슬람의 과학 문명을 전하였다. 그러나 근대 이후 북아프리카는 제국주의 국가들의 착취 대상이 되었다. 그 옛날 아랍인들도 이곳의 베르베르인들을 몰아내었고 그때 가져온 이슬람교와 아랍어가 오늘에 이르고 있다.

탕헤르는 페니키아, 베르베르, 로마, 스페인, 아랍, 프랑스 등의 지배를 받았다. 그만큼 이곳은 다양한 문화 지층을 가진 장소라 할 수 있다. 다양한 문화 지층으로 세상의 변화에 민감한 촉수를 가질 수 있었고 바람보다 먼저 드러누울 수 있는 삶의 지혜도 가지게 되었다. 하지만 그 어떤 문화의 지배를 받았을지언정 탕헤르는 아라비아 대상으로서의 자부심과 사하라의 서부를 지배하던 베르베르인으로서의 자존감을 버리지 않았다. 제국주의 국가들은 강력한 군사력으로 모로코 일대를 지배하였지만, 그들은 모로코인들의 마음까지는 지배하지 못하였다. 다양한 문화지층이 공존하는 탕헤르는 문화접변에 능하다. 각각의 문화들이 만나 또 다른 문화를 만들거나 낯선 문화도 자신의 문화로 수용하는 능력을 지녔다. 탕헤르에 베르베르의 원주민 문화, 아랍의 이슬람 문화, 유럽의 기독교 문화가 혼종성을 이루고 있는 이유이다.

역사를 돌아보면 탕헤르의 문은 언제나 세계를 향해 열려 있었다. 힘이 약할 때는 강한 타자가 문을 열었고, 힘이 강할 때는 스스로 세계로 가는 길을 열었다. 베르베르인들이 바다를 중심으로 세계를 열면서 탕헤르는 유럽으로 향하는 문을 열 수 있었다. 그 과정에서 탕헤르 주변의 땅들은 다양한 국적을 가지게 되었다. 지금도 탕헤르 앞의 지브롤터는 영국이, 탕헤르 서쪽의 세우타는 스페인이 지배하고 있으나 탕헤르는 이베리아반도의 많은 도시들과 어깨를 나란히 하고 있다. 이베리아반도와 북아프리카의 정치 지형이 자주 바뀌긴 하였지만 탕헤르는 탕헤르다. 수많은 발음으로 탕헤르를 부를지라도 탕헤르는 모로코의 땅이자 세계로 열린 창임에 틀림없다.

탕헤르에는 페니키아인의 무덤이 있다

탕헤르는 오래전부터 요충지여서 많은 국가와 상인들이 눈독을 들이던 곳이다. 지중해 동쪽에 자리한 페니키아인들은 기원전 7세기경에 페니키아제국의 확장과 함께 카르타고를 지나서 북아프리카의 지중해 연안을 따라 이동하였다. 그리고 대서양의 목전인 탕헤르까지 이주해 와서 머물렀다. 일찍이 배를 타고 이동해 온 페니키아인들은 돈을 벌려고 제국의 뒤를 따라 페니키아제국의 서쪽 끝인 탕헤르까지 왔다. 지중해 바다는 페니키아인들에게 욕망을 채워 주었지만 고국에 두고 온 가족에 대한 사랑과 고향을 향한 그리움을 전해 주는 통로이기도 하였다. 그들은 고향을 떠나 이동해 온 거리만큼 다시 배를 타고 고향으로 돌아가고 싶었을 것이다. 그러나 페니키아인들은 고향 땅으로 돌아가지 못했으며, 결국에는 스스로 디아스포라가 되어 탕헤르 도시에 남게 되었다. 그들은 디아스포라의 어원처럼 탕헤르에 뿌리를 내리고 자녀를 낳아 새로운 공동체를 만들었다.

페니키아인들은 죽어서도 고향에 대한 수구초심을 잊을 수가 없었다. 그들은 탕헤르 메디나 밖 언덕에 묘지를 만들었다. 이곳 언덕은 탕헤르 앞바다가 내려다보이고 지중해를 한눈에 볼 수 있는 명당이다. 그들은 사암으로 형성된 암석에 석관을 파서 묘지를 만들었다. 영원히 변하지 않을 석관 안으로 스스로를 안장하여 페니키아를 그리워하는 마음을 드러냈다. 죽은 후에 몸과 혼백이 분리되어 몸은 탕헤르의 암석 묘지에 남을지라도, 영혼은 지중해에 배를 띄워 고향 페니키아로 가고자 했을 것이다. 그들의 묘지는 모두 지중해의 동쪽인 페니키아를 향하고 있다.

현재 페니키아인들의 슬픈 이야기를 담은 바위 묘지들은 텅 비어 있다. 인걸은 간데없고 텅 빈 무덤에는 물만 가득 차있다. 차가운 돌무덤에 물이 차니 무덤에 관이 묻혀 있는 것처럼 보인

■ 페니키아인의 무덤Tombeaux des Phéniciens 안내판

다. 페니키아인들의 묘지는 모두 발굴되었다. 이곳을 방문하는 사람들은 아무 일도 없었다는 듯이 무덤 위를 오가고 있다. 페니키아인들의 슬픈 이야기를 안고 있는 무덤 위에서 사람들은 속절없이 쏟아지는 석양의 노을에만 빠져 있다. 페니키아인의 무덤들은 이제 더 이상 무덤이라 할 수 없다. 그냥 이베리아반도, 지중해 바다와 작열하는 석양을 동시에 감상하기 좋은 장소로 인식되고 있다. 나도 그 장소에서 슬픈 페니키아인들의 이야기를 뒤로 하고 아름다운 석양을 넋을 놓고 바라본다.

■ 지중해 해변의 페니키아인의 무덤

탕헤르는 이븐 바투타의 고향이다

탕헤르를 여행하는 까닭 중의 하나는 이븐 바투타Ibn Batuta
를 만나고 싶은 데 있다. 이븐 바투타는 1304년 탕헤르에서 태
어났다. 베르베르 출신으로 이슬람교를 믿었던 그는 이미 문화
의 혼종성을 지니고 있었다. 그가 성장한 탕헤르는 다양한 문화
와 문명의 교차로여서 여행을 떠나기에 안성맞춤이었다. 탕헤
르의 유전 인자를 고스란히 이어받은 그는 유목민의 원형질을
그대로 몸에 안고 있었다. 그는 이슬람교도로서 "모든 이슬람
신도들이 지켜야 할 다섯 번째 의무는 여행일세. 우리는 일생
에 적어도 한 번, 성지 메카로 순례여행을 해야 한다네."(파울로
코엘료, 93)라고 말하고 싶었을 것이다. 그가 여행을 떠난 이유를
『여행기』에서 확인할 수 있다.

*내가 카아바를 순례하고 사자(使者)-그에게 지고의 평화가 있
기를-의 성묘(聖墓)를 참배하기 위해 고향 퇀자(Tanjah, 탕헤르)
를 떠난 것은 725년(A.H. 1325) 7월 2일 목요일이었다. 나는 가
슴 깊이 간직한 순례의 굳은 의지와 성지에 대한 애틋한 그리
움으로 친한 길동무 하나 없이 혈혈단신으로 장도에 올랐다.*

여행길에는 대체로 무언가를 타고 다녔다. 나는 남녀노소, 사랑하는 사람들의 곁을 떠나 마치 새가 둥지를 떠나듯 고국과 석별하였다. 그분들이 겪은 그 별한(別恨)은 나 역시 마찬가지였다. 그때 내 나이는 갓 22살이었다.

— 이븐 바투타, 2001a, 33-34

그는 청년의 나이에 이슬람 성지인 메카로 가서 이슬람교도로서의 의무를 다하기 위하여 순례 여행을 결심하였다. 순례를 목적으로 시작한 그의 여행은 29년 동안이나 이어졌다. 그는 메카에서의 성지 순례를 계기로 아프리카, 유럽, 아시아, 지중해 일대를 여행하였다. 이슬람교도로서의 신앙심은 여행 중에 4번이나 메카를 순례한 점에서 알 수 있다. 그는 긴 여행을 다녀온 후 당시 모로코의 수도인 페스에서 여행을 마쳤다. 그가 여행에서 경험한 바를 버려두는 것은 국가적인 낭비이기에 술탄 아부 아난Abu Anan은 그에게 여행을 기록으로 남기라는 명을 했다. 이븐 바투타는 술탄의 명을 받고 『여러 지방과 여로의 기사적을 본 자의 진귀한 기록』이라는 여행기를 썼다. 이 책은 제목이 너무 길어서 책 제목을 줄여 『라흘라Rihlatu』, 즉 『여행기』로 온 세계에 알려졌다. 이븐 바투타는 당시로서는 엄청나고 위대한 여행을 기록하여 『여행기』를 썼고 지금 우리는 그 책을 인문지리서로 읽고 있다.

이븐 바투타는 위대한 여행가이다

　이븐 바투타는 탕헤르를 기꺼이 떠났기에 메카를 넘어서 온 세계를 여행할 수 있었다. 여행자는 온 세계의 다양한 문화를 경험하고 전해 주는 문화전달자로서의 역할을 수행한다. 세계의 많은 곳을 여행한 사람은 여행의 경험을 바탕으로 자연스럽게 이야기꾼이 된다. 여행의 잠재적 소비자를 대상으로 다소 과장법을 사용하여 여행 경험을 풀어놓기도 한다. 이븐 바투타가 여행을 하던 당시, 여행이란 여행지의 정보를 독점할 수 있는 사람이자 빅데이터에서부터 소소한 일상까지의 정보를 소유한

이븐 바투타의 순례 모습(출처: Wikipedia)

사람으로 여겨졌다. 이븐 바투타는 이런 역할을 수행한 당대 최고의 여행가라 할 수 있다.

이븐 바투타는 마르코 폴로보다 30여 년 늦게 세계여행을 떠났다. 이슬람의 마르코 폴로라는 별명을 가진 이븐 바투타는 마르코 폴로와는 다른 개성을 가진 여행가라고 볼 수 있다. 마르코 폴로가 동방에서 경제적 이익을 취하기 위해 여행을 했다면, 이븐 바투타는 철저히 이슬람교도로서의 신앙심이 여행의 동기였다. 마르코 폴로가 탐욕을 채우기 위해 여행을 했다면, 이븐 바투타는 자아 실현에 초점을 둔 여행을 하였다. 호기심 많은 두 사람은 여행 중에 많은 사람을 만나고 다채로운 경관을 눈에 담았다. 여행을 마친 후에 마르코 폴로는 『동방견문록』을, 이븐 바투타는 『여행기』를 썼다. 그들은 두 책에서 당대 최신의 정보와 미지 세계에 관한 여행 경험을 상세히 서술하였다.

이븐 바투타는 29년 동안 지구상의 여러 지방을 여행하였다. 긴 여행을 마치고 고국으로 돌아온 후 페스에서 여행에 대한 소회를 밝혔다.

우리의 주공-그에게 지고한 알라의 지지를-이 나에게 베푼 은전에 대해 나는 무엇으로서도 감사의 뜻을 표현할 수가 없다. 오로지 알라께서 그에게 보상하시는 것을 기원할 따름이다. 나는 주공의 나라야말로 가장 훌륭한 나라라는 것을 공정하게 확

인한 후에 내 여행의 지팡이를 이 성스러운 주공의 나라에 던
져 버리기로 작심하였다. 이 나라가 가장 훌륭하다는 것은 과
실이 흔하고, 물과 식량을 어렵지 않게 얻을 수 있기 때문이다.
이 세상 어디에도 이러한 것들을 두루 구전(俱全)한 곳은 없다.
— 이븐 바투타, 2001b, 368

집을 나가면 고생길이라는 말처럼 여행 또한 대체로 그렇
다. 여행이 아름다운 것은 여행지를 돌고 돌아 다시 집으로 돌

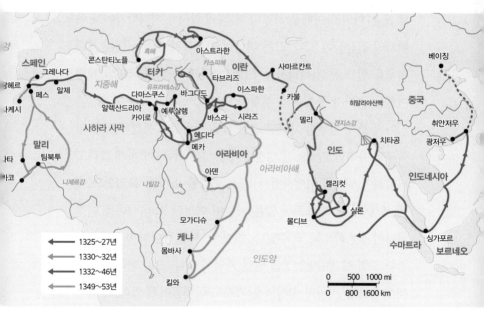

■ 이븐 바투타의 여행경로

아간다는 데 있다. 긴 시간 동안의 여행을 마치고 돌아온 이븐 바투타는 과실이 흔하고 물과 식량이 부족하지 않은 고국이 가장 훌륭하다고 하면서 이런 완전한 곳은 그 어디에도 없다고 말했다. 이슬람권과 비이슬람권 지역을 여행하면서 많은 환대를 받았을지라도 고향을 꿈엔들 잊을 수가 없었고 고향이 주는 푸근함에 견줄 만한 것은 없었다고 말했다.

이븐 바투타에 비할 수는 없지만 우리나라에도 『왕오천축국전』의 혜초, 『열하일기』의 박지원, 『표해록』의 최부 등이 있다. 그들은 당시 한반도라는 공간을 벗어나 인도, 중국 등을 자의로 또는 타의로 여행을 하였다. 현대에 와서는 지리학자이자 여행가인 김찬삼이 있다. 그는 여행이 자유롭지 못한 시대에 세계여행을 한 드문 지리학자였다. 외화절약을 위하여 국민의 해외여행을 국가가 통제하던 시절에 아메리카, 아프리카, 유럽, 아시아 등을 종횡무진 다녔던 그를 많은 사람들이 동경하였다. 일찍부터 유복한 가정에서 성장한 김찬삼은 자유분방하게 그리고 거침없이 세계를 여행하였다. 그는 여행을 소비할 수 없던 시대에 세계여행을 함으로써 많은 사람이 여행의 소비 시대를 미리 앞서서 준비하도록 해 주었다. 어릴 적 책의 종이가 누런색으로 변한 그의 세계여행전집을 읽던 기억이 있다. 그는 한국 너머의 세계에 대한 지리적 상상력을 가지도록 이끌어 주었다. 우리나라 사람들은 그를 통하여 세계로 나아갈 수 있는 창을 제공받았

5장 ★ 세계로 열린 도시, 탕헤르

다. 그는 국가의 경계를 넘지 못하는 국민들에게 새로운 세계에 대한 지리적 환타지를 심어 주고 이를 간접적으로 경험하게 해 주었다. 김찬삼의 여행기를 통해 꿈꾸던 지리적 상상력을 자양분 삼아 지금 세계여행을 경험하고 있으니 얼마나 다행스러운지 모르겠다. 지금 우리나라는 여행의 대량 소비시대를 살고 있다. 여행의 고수들은 대량소비의 여행에서 벗어나 자기만의 여행을 개척하여 여행의 자기화를 실현하고 있다. 어쨌든 지리학자 김찬삼은 우리가 다양한 형태의 여행을 하도록 길을 여는데 엄청난 기여를 한 사람임은 분명하다.

이븐 바투타는 탕헤르의 전설이다

이븐 바투타는 오랜 시간 동안 여행을 하면서 알라신에게 고백한다.

사실 알라께 감사로 드리거니와, 현세에서의 나의 욕망, 즉 대지를 여행하려는 욕망은 이미 실현된 셈이다. 내가 알기로는 이 방면에서는 그 누구도 도달하지 못한 경지에 나는 도달했다

고 감히 자부한다. 이제 남은 것은 내세의 일뿐이다. 그러나 나
는 알라의 자비와 관용 속에 낙원에 들어가려는 나의 욕망이
필히 실현되리라는 강렬한 희망을 가지고 있다.

— 이븐 바투타, 2001a, 284

이븐 바투타는 이슬람교도로서 29년 동안 지구상의 많은 나라들을 무사히 여행을 하도록 인도해 준 알라신에게 감사를 느꼈다. 이생에서의 여행을 마무리하면서 고향과 고국에 대한 무한한 애정을 보인다. 그는 고향인 탕헤르로 돌아와 자신을 길러주고 유목의 원형질을 심어 준 메디나에 영면하였다. 그의 소원처럼 탕헤르에서 내세로의 여행을 다시 떠난 것이다. 그의 무덤은 메디나에서 이븐 바투타 거리로 명명해 둔 골목길의 한편에 자리하고 있다. 메디나의 좁은 골목길을 한참이나 헤맨 후 그의 작은 무덤을 찾을 수 있었다. 탕헤르 메디나의 좁은 길이 수 갈래로 갈라지는 곳, 계단을 이용하여 경사면을 오르내리는 초입에 그의 묘지가 있다. 하얀색으로 도색한 작은 건물에 묘지 표지석이 붙어 있다. 묘지의 표지판에는 그가 세계 도시의 풍경과 여행의 놀라움을 세상에 전하는 데 헌신하였음을 강조하고 있다.

이븐 바투타의 묘지는 건물 안에 안치되어 있다. 그 무덤의 진위 여부에 대하여 논란이 있으나 이 세상에는 진짜 묘가 아닌 것을 진짜 묘로 받아들여 예를 갖추는 곳이 한두 곳이 아니다.

그의 관을 감싸고 있는 검은 천은 그가 이전에 순례하였던 사우디아라비아의 메카에 있는 카바kaaba 신전의 검은 돌을 닮았다. 이븐 바투타의 묘지 앞에는 뜻 모를 열두 개의 문양이 흰 바탕에 파란색으로 그려져 있다. 묘지의 출입문은 그의 역마살 본능을 잡아 두기라도 하듯 꼭꼭 잠겨 있다. 무덤을 보고 싶은 사람을 위하여 문 앞에는 전화번호를 크게 써 놓았다. 묘지 앞의 작은 공터에서 동네 아이들이 신나게 놀고 있다. 세계적인 여행가

⬚⬚ 이븐 바투타의 무덤　■⬚ 이븐 바투타의 거리명　⬚■ 이븐 바투타 무덤의 안내판

인 이븐 바투타의 묘지에 와서 사진을 찍는 것이 의아해 보이는 눈치이다. 높은 창문으로 한 아주머니가 이븐 바투타의 묘지에서 그를 기억하는 행위를 낯선 시각으로 아니 호기심 어린 눈으로 바라보더니 카메라를 의식한 듯 이내 집 안으로 몸을 피한다.

탕헤르에는 이븐 바투타를 기리기 위한 이븐 바투타 국제공항, 이븐 바투타 거리 등이 있다. 여전히 이븐 바투타는 탕헤르 곳곳에 살아 있다는 걸 실감한다. 메디나에는 이븐 바투타를 찾는 사람들을 위하여 골목길의 모퉁이마다 그의 묘지로 가는 길을 붉은 화살표로 표시해 두었다. 그러나 메디나의 골목이 너무 복잡해서 금세 길을 잃곤 하였다. 메디나의 주민들에게 그의 묘지를 물으니 금방 길을 수정해서 알려 주었다. 마을 사람들은 이븐 바투타에 대해서 나름 자부심을 갖고 있는 듯 보였다. 그들의 표정에서 몸에 배인 이방인에 대한 환대가 묻어난다. 하지만 오래 전에 형성된 아랍인에 대한 나의 고정관념으로 그들의 환대에도 긴장의 끈을 놓을 수 없었다.

이븐 바투타는 14세기에 세계여행을 한 여행가이다. 탕헤르를 넘어 지중해에서 아라비아의 메카로, 다시 아프리카의 수단과 더 멀리 중국에 이르기까지 여행을 하였다. 그는 여행에서 보고 들은 것들을 소상하게 글로 적어 두었다. 자연스럽게 그는 신앙인, 여행가를 넘어 인문지리학자가 되었다. 이븐 바투타는 당시의 글로벌 정보를 교류하였다. 아프리카 대륙의 서부 끝과 아시아 대륙의 동쪽까지 문화와 정보를 나누었다. 그리고 지중해를 중심에 두고서 북으로는 이탈리아와 남으로는 아프리카 탄자니아에 이르는 곳들의 문화와 정보를 전하였다. 그가 문화 다양성이라는 관점으로 세계의 다양한 문화를 이해하기는 어려웠을지라도, 최소한 자기 관점 이상으로 세계의 다양한 문화를 경험하고 체험하였다. 그는 긴 여행 경험을 통하여 당시의 좁은 세계관을 넓게 확장시키는 데 큰 기여를 하였으며, 또한 오늘날 글로벌 시대를 살아가는 우리에게 세계에 대한 시각과 관점을 확장시켜 주고 있다. 다시 우리는 이븐 바투타의 여행기를 읽으면서 글로벌 시대에 우리가 살아갈 지혜를 구하고 있다.

지중해 문화 박물관에는 지중해의 자존심이 있다

탕헤르 메디나의 카스바로 길을 접어들었다. 페스만큼의 규모는 아니지만 탕헤르 메디나의 골목도 돌아다니기가 쉽지 않다. 메디나의 성문으로 접어들어 좁은 길을 따라 헤매다가 이곳 첫 거주자의 건물을 지나 지중해 문화 박물관Kasbah Museum of Mediterranean Cultures을 찾아 나섰다. 하얀색과 파란색으로 온통 색칠을 한 골목을 걷다가 다시 박물관으로 가는 길을 물으면서 메디나를 헤매고 다녔다. 길을 헤매는 자는 늘 누군가의 표적이 되기 쉽다. 한 청년이 다가오더니 그 길이 아니라고 한다. 가던 길의 반대쪽에 박물관이 있다며 자기를 따라오라고 한다. 페스의 메디나에서 이미 골목의 공포를 경험했던 나는 더 이상 안달루시아에서 지중해를 막 건너온 『연금술사』의 '산티아고' 가 아니었다. 그의 불필요하고 불안한 호의를 정중히 사양하고 가던 길로 쭉 가니 광장이 나왔고 지중해 문화 박물관을 발견할 수 있었다. 박물관의 하얀 벽면에 프랑스어로 쓰인 'Musee la Kasbah'라는 간판이 정말로 반가웠다. 지중해 문화 박물관 입구의 계단에 잠시 걸터앉아 숨을 고르고 땀을 식혔다. 메디나의 골목길에서 더 이상 헤매지 않아도 된다는 안도감이 들었다.

지중해 문화 박물관은 과거 다르 엘 마크젠Dar El Makhzen 술탄의 왕궁이었다. 이 왕궁이 박물관으로 변신하여 지중해 문화를 알리는 기능을 하고 있다. 박물관의 위용은 그 건물의 중정이 말해 준다. 중정 가운데에 설치된 분수대가 눈에 띈다. 주변에 둥근기둥을 가진 회랑이 있어 웅장한 느낌을 준다. 배흘림 양식의 둥근기둥 위는 코린트 양식으로 장식되어 있고, 기둥과 기둥 사이마다 이슬람 신앙을 표현한 동그란 문양이 있다. 건물의 바닥에는 네모난 파란색, 검은색, 갈색 타일들이 마름모 모양으로 이루어져 있다. 박물관 건물의 바깥에는 작은 정원이 있다. 사각형 정원의 가운데에는 올리브나무가, 산책길에는 작은 나무들이 심어져 있다. 박물관 정원의 식생들은 이곳이 지중해 기후 지역임을 말해 준다.

지중해 문화 박물관의 전시품은 참으로 소박하다. 선사시대부터 오늘에 이르기까지의 유물들을 전시하여 지중해 문화가 유구한 역사를 가지고 있음을 보여 준다. 박물관은 건물의 각

■ 지중해 문화 박물관의 중정

방을 조금씩 나누어서 전시실로 구성하였다. 20디르함의 입장료를 지불하고 3층 건물 구석구석을 둘러보았다. 선사 문화, 로마제정시대, 탕헤르의 전성기인 항해의 시대, 생활 문화, 토기 등을 전시하고 있다. 박물관은 지중해의 끝단에서 시작한 이단의 문화를 유럽으로 전파하는 길목으로서 탕헤르의 역사적 문명과 문화사를 보여 주고 있다. 박물관의 전시물 중에서 인상적이었던 것은 복도 벽면에 전시된 알 이드리시AI Idrisi가 1154년에 제작한 세계지도였다.

이곳에서 만난 이드리시는 탕헤르에서 가까운 동쪽에 위치한 스페인령인 세우타 출신이다. 세우타에 그의 동상이 세워져 있을 정도로 이드리시는 유명한 지리학자이자 지도학자이다. 그는 모로코 페스의 카라위인 대학교에서 지리학을 공부하였다. 북아프리카와 지중해 일대를 부지런히 여행하고 현지에 관한 자료도 수집하였다. 이드리시는 중세 유럽이 기독교 중심의 사고로 과학적 사고에 무지몽매해 있을 때, 프톨레마이오스Ptolemaeus의 지리학, 지도학 등의 지식을 받아들였으며 아랍의 과학기술 또한 공부하였다. 당시 중세 유럽은 과학적 사고보다는 기독교 신앙관으로 똘똘 뭉친 TO지도를 사용하는 수준이었다. 이드리시의 지식을 아끼던 시칠리아의 로저 2세Roger II 왕은 그를 궁중 지리학자로 임명하여 북아프리카와 지중해 일대의 정보를 기록하고 새로운 지도를 만들도록 했다. 그는 당시의 모든 지리정보를 담아 원형 세계지도를 만들었다. 지구를 일곱 개의 기후대로 구분하고, 지형, 해안선, 도시, 하천, 항구 등을 새겨 두었다. 현재 그가 만든 원형의 세계지도는 전해지지 않고 있다.

이드리시는 원형 세계지도의 내용을 바탕으로 책을 썼다. 자신이 알고 있는 세계를 포괄적으로 요약하여 만든 책이었다. 전 세계 70여 곳의 지역지도와 함께 작지만 훌륭한 세계지도 한 점을 책에 실었다. 1154년 1월 4~15일에 아랍어로 써서 완성한 이 책의 제목은 『세계를 여행하려는 사람을 위한 유희의 책』Kitāb nuzhat al-muštāq fī ikhtirāq āl-āfāq(이하 유희)이다. 로저와 이드리시의 사이가 워낙 가깝다 보니 이 책은 로저의 책으로도 알려져 있다. 『유희』는 2세기 로마시대에 이집트 알렉산드리아 에서 프톨레마이오스의 지리학 이후로 사람 사는 세계를 묘사 한 가장 훌륭한 저작으로 꼽힌다(오길순, 2015, 78).

지금 지중해 문화 박물관에 걸려 있는 이드리시의 세계지도 는 『유희』에 실린 지도들을 편집하여 제작한 것이다. 이드리시 세계지도의 가장 큰 특징은 오늘날 지도와 달리 북쪽이 아래에 표현되어 있다는 점이다. 지도에는 아프리카, 중동, 지중해, 인 도양의 지형과 동아시아의 지형이 모두 표시되어 있었다. 지도 의 오른쪽 끝에 위치한 탕헤르를 살펴본 다음에 유럽, 지중해, 아시아 등의 구대륙을 한눈에 담아 보았다.

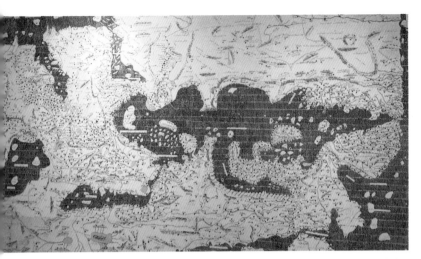

이드리시는 지리학을 포함한 과학적 지식이 사라지던 시대
인 중세 암흑기에 고대 지리학의 지식과 아라비아의 지리학 지
식을 통합하여 지리학을 포함한 과학의 진보를 이루었다. 이드
리시가 추구했던 새로운 지리적 상상력은 글로벌 시대를 살아
가는 우리에게 지혜를 준다. 다양한 세계의 문화다양성, 글로벌
과 로컬의 연계성, 세계시민으로서 다중 정체성 등의 소중함을
알려 준다. 이드리시의 세계지도를 본 것만으로도 머릿속은 온
통 지리적 상상력으로 가득하다. 경험하지 못한 미지의 세계를
열심히 경험하며 알아 보아야겠다는 의지가 솟는다.

카스바의 성벽을 따라 걷는다

지중해 문화 박물관 앞에는 작은 광장이 있다. 광장의 일부는 카스바의 성벽으로 둘러싸여 있고 가운데는 주차장으로 사용하고 있다. 메디나의 좁은 골목길을 뚫고 올라와 주차를 시켜놓은 자동차 운전자에게 경의를 표하고 싶다. 카스바의 담장 쪽에는 지중해 전망을 볼 수 있는 식당들이 들어서 있다. 하얀 벽면 위의 파란 글씨, 파란색의 창호가 이곳이 지중해를 끼고 있음을 실감케 한다. 자기 세상을 만난 듯 하늘 위를 제멋대로 비행하는 갈매기가 태평스럽다. 광장에는 고양이가 다리를 쭉 뻗고서 늘어지게 자고 있었다. 자동차의 보닛 위에서 능청스럽게 자고 있는 고양이는 오가는 사람의 기척에도 아랑곳하지 않는다. 카스바 성벽 너머에 펼쳐진 지중해의 비경에도 관심이 없는지 꿈속을 헤매기 바쁘다.

투박한 성벽에 나 있는 알 바하르 문Bab Al-Bahr 사이로 지중해가 보였다. 문밖으로 나가니 푸른 지중해가 눈앞에 펼쳐지고 멀리 이베리아반도까지 보인다. 좌로는 대서양이, 우로는 탕헤르 항구와 탕헤르만이 자리 잡고 있었다. 탕헤르만으로 지중해가 깊숙이 파고든다. 육지로 둘러싸인 만이 항구를 품고 있는 듯하다. 육지로 들어온 만이 깊을수록 항구도 깊고 크다. 탕혜르 항구는 곶의 반대 방향으로 아늑하게 들어가 있으며 만의 안쪽은 모래사장이 해안을 따라 길게 늘어서 있다. 그 결과 탕혜르 항구 주변은 낮은 경사면이 있고 만의 안으로는 탕혜르 해수욕장이 있다. 항구에는 페리, 화물선 등이 항해 명령을 기다리며 정박해 있다. 탕혜르 항구를 기점으로 지중해를 넘어 오대양으로 떠날 만반의 준비를 하고 있는 것처럼 보인다.

곶의 언덕에 위치한 카스바의 요새에서 멀리 그리고 가깝게 보이는 탕혜르 바다는 사람들을 감상적으로 만들기에 충분하다. 이곳이 탕혜르에서 소문난 비스타Vista 포인트이다. 높은 언덕에 자리한 카스바의 알 바하르 문은 탕혜르에서 지중해를 관조하기에 좋은 명당이다. 지중해의 바닷물이 채도를 달리하여 나타난다. 해안에 가까울수록 바다색이 옅고 먼 바다일수록 파란 바다색이 진해진다. 지중해의 바다가 늘 평온한 것만은 아니다. 바다로부터 거칠게 바닷바람이 불어오기도 한다. 주변의 편향수가 거칠게 불어온 바람의 흔적을 기억하는 듯 하다.

카스바의 아래는 급전직하의 절벽이다. 지중해에서 카스바를 올려다보면 카스바는 그야말로 난공불락의 요새이다. 절벽아래의 해안가에는 자동차도로가 있고 바다로 곧장 이어진다. 카스바의 높은 성벽 길을 따라 걷는다. 높은 성벽은 곧 경계의 표식이다. 그만큼 타자로부터 자신을 방어할 일도 많았음을 의

미한다. 성벽이 가지는 경계를 헐어 주는 장치가 문이다. 이곳
카스바를 품고 있는 메디나에도 출입문이 있다. 페스의 메디나
에 열네 개의 문이 있듯이 탕헤르 메디나에도 여러 개의 문이
있다. 커다란 성문으로 사람과 자동차가 분주히 오간다.

　　과거 이 성문을 드나드는 데는 사람과 시간의 통제가 있었
을 것으로 보인다. 성문 안으로 들어가는 사람도 있지만 성문
밖에 머무는 사람도 있었을 것이다. 지금도 카스바의 성문 밖은

■ 카스바의 알 바하르 문

사람들로 북적인다. 이런 곳에는 술집이 있고 잠을 청할 수 있는 숙박업소가 있기 마련이다. 선술집에는 카스바의 여인도 있었을 것이다. 세월이 흐르면서 카스바의 성벽은 투박해졌다. 누대에 걸쳐 거칠게 돌과 벽돌을 쌓아 올렸을 모습이 눈에 선하다. 성벽의 마지막 회칠은 색이 바래 있고 그 일부는 떨어져 나갔다. 아이러니하게도 그런 모습이 카스바의 성을 더욱 고풍스럽게 한다. 낡은 카스바는 역사의 흔적을 담은 경관이다. 지금까지 카스바를 점령한 국가들은 많이 있었으나 성안의 주인이 진정으로 바뀐 적은 없다. 이 땅의 침입자들은 성문 밖에서 카스바를 지배하였다. 성문 밖의 외세들은 강했지만 그들은 끝내 자신의 땅으로 돌아갈 수밖에 없었다. 탕헤르의 영욕을 고스란히 알고 있는 카스바의 성터는 모로코의 주인으로서 지금도 이 자리에서 모로코를 지키고 있다.

여행자로서 탕헤르 카스바의 성문 주변을 서성인다. 메디나로 향하던 길에 파란색 문이 인상적인 식당을 발견했다. 그곳에서 파스티야를 주문해 점심식사를 했다. 아주 작은 규모의 가게에 많은 그림들이 전시되어 있다. 주인에게 물으니 딸의 작품이란다. 여느 부모와 같이 딸의 자랑이 한창이다. 딸의 그림을 하나둘씩 설명하는 모습에서 엄마의 딸에 대한 사랑과 자부심이 느껴진다. 자식 잘되기를 바라는 부모의 마음을 북아프리카 탕헤르에서도 느껴 본다. 집 안 구경을 한 후 옥상 테라스에서 잠시 건물들의 옥상 경관을 관찰하였다. 집과 집이 서로 옥상을 맞대고 늘어서 있다. 집마다 가운데에 중정이 있고, 그 중정으로 쏟아진 햇빛으로 모든 집이 찬란하게 보인다. 탕헤르 메디나의 전망이 좋은 집들은 이미 식당, 리아드, 게스트하우스 등으로 만들어졌다. 이들은 저마다의 개성을 가득 안고서 여행객의 마음을 사로잡으려 안간힘을 쓰고 있다.

■ 카스바의 성벽과 문

■ 카스바 밖의 건물들

5장 ★ 세계로 열린 도시, 탕헤르

메디나는 탕헤르 문화의 원형질을 가진다

탕헤르 그랑 소코 광장Grand Socco에서 시작하여 메디나의 입구로 들어간다. 들어가는 순간 가게들이 즐비하다. 메디나의 모습은 모두 똑같아 보여도 메디나의 골목들은 천의 얼굴을 하고 있다. 가게마다 들러서 물건을 살 수는 없지만 가게들은 아라비아 상인으로서의 정체성을 충분히 보여 준다. 메디나의 작은 가게들은 구멍가게라는 말이 더 정확해 보일 정도로 좁아 보이기도 했다.

> 탕헤르의 좁은 거리를 함께 걸었다. 골목 모퉁이마다 노점들이 즐비했다. 그들은 마침내 장이 열리고 있는 커다란 광장 한가운데에 이르렀다. 단검, 양탄자, 그리고 온갖 종류의 담뱃대들이 어지럽게 널려 있었고, 많은 사람들이 떠들어대며 물건을 사고팔고 있었다.
>
> — 파울로 코엘료, 『연금술사』, 70

메디나의 작은 가게들은 구멍가게의 원형질을 고스란히 가지고 있다. 좁은 가게 안에 다양한 물건들로 가득하다. 과일,

물, 공산품, 과자 등을 팔았고, 어느 가게는 작은 식당도 겸하고 있었다. 가게에 빼곡하게 들어찬 물건들을 보면서 손님이 주문하는 물건을 어떻게 찾을까 하는 부질없는 물음도 가져 본다. 가게 안의 물건 배치는 주인 맘이다. 손님은 사고 싶은 물건만 말하면 된다. 팔 물건을 찾아오는 것은 주인의 몫이다. 좁은 공간에 가능한 많은 물건을 채워 두어 손님의 필요를 충족시키고자 하는 마음이 보인다. 메디나의 가게들은 손님보다는 주인에게 보다 안성맞춤으로 보인다.

메디나의 골목에서 가장 인기 있는 길은 환전소 거리Rue Siaghine, 수크 다클리 광장Place Souk Dakhli, 그리고 드제마 케비르 거리Djamma El Kebir와 알 하주이 요새Borj al-Hajoui로 이어지는 거리이다. 환전소 거리는 과거 탕헤르에서 가장 번화했던 곳이다. '은 세공거리'라는 뜻을 가진 이 거리에는 돈이 흥청망청할 정도로 넘쳐났다. 과거의 영광을 보여 주기라도 하듯이 그랑 소코로 접어드는 순간 기념품 가게, 술집과 카페들이 사람들을 맞이한다. 어느 카페는 차양을 가게 앞으로 빼놓고 거리에 작은 탁자와 의자를 두어 손님을 맞이할 만반의 준비를 끝냈다. 이곳 건물들의 창호, 벽면, 기둥, 테라스 등이 대체로 유럽풍인 점이 인상적이다. 이곳의 주요 건물로는 라 인마쿨라다 콘셉시옹 성당The Church of the Immaculate Conception이 있다. 1880년 스페인 정부가 건축한 이 성당은 기독교인들의 주요 모임 장소로 이용

🔲 메디나 환전소 거리　🔳 수크 다클리 광장

되었다.

다음으로는 수크 다클리 광장이 있다. 이는 프티 소코Petit Socco라는 프랑스식의 지명을 모로코어로 바꾼 것이다. 메디나 밖의 그랑 소코와 대비되는 의미로 프티 소코는 작은 광장이라는 의미이다. 모로코는 과거 식민의 잔재를 제거하여 모로코의 주체성을 바로 세우기 위한 노력을 하고 있다. 이곳은 과거에 검은 거래가 행해지던 어둠의 거리로 마약과 매춘이 함께 성행하던 곳이다. 이 작은 광장에서 사람들은 불안한 삶을 살아왔고, 그 유산이 카페 건물로 남아 있다. 거리에는 서구열강의 건축양식을 그대로 닮은 건물들이 들어서 있다. 약 100년의 시간을 담은 오래된 건물들이 도로를 중앙에 두고 양쪽으로 도열해 있다. 건축물이 정렬적인 색감보다는 흙을 닮은 색으로 칠해진 점이 인상적이다. 강한 것이 살아남는 듯해도 어떤 면에서는 연한 것이 삶을 오래 이어가는 듯하다. 모스크의 녹색에 비해 강하지 않은 옅은 황토색이 탕헤르의 작은 광장에 가득하다. 과거 불온한 역사를 떠올리게 하는 건물들이지만 민트 차의 향기를 맡고 있으면 그마저도 흐릿하게 느껴진다. 하지만 민트 차를 맛보기 위해 골목을 찾는 사람들은 과거의 흔적을 기억할 수 있는 기회를 얻을 수 있으니 또한 다행이다.

이 골목을 조금 더 따라가다 보면 그랜드 모스크가 나온다. 이슬람의 상징인 모스크가 탕헤르 앞바다를 지켜보고 있다. 눈앞에 흰색과 주황색 계열의 색과 차이를 드러내는 녹색이 나타나면 그랜드 모스크에 이른 것이다. 모스크는 좁은 골목에 있어서 미너렛을 보기가 쉽지 않다. 모스크의 정문과 미너렛의 상부가 녹색을 띄고 있다. 녹색은 이슬람의 상징이어서 모스크도 녹색 타일로 충실하게 신앙심을 표현한다. 이 모스크는 과거에 포르투갈의 성당이었지만 현재는 이슬람교의 모스크로 사용하고 있다. 탕헤르를 지배하던 국가들이 달라지면서 탕헤르의 건물

■ 그랜드 모스크

도 주인 따라 그 용도를 달리하며 엄혹한 시대를 견디어 왔다.

그랜드 모스크를 지나면 곧바로 메디나의 끝이 나온다. 그 끝에는 영화 〈나바론 요새〉의 대포만큼이나 엄청나게 큰 대포가 있는 알 하주이 요새가 나온다. 영국군이 세운 대포의 포신은 지중해를 향하고 있다. 이 요새는 당시 이곳을 점령했던 영국이 탕헤르로 들어오는 또 다른 적들을 방어하기 위한 방어시설이다. 오래되지 않은 시기에 탕헤르를 두고 각축을 벌였던 서구열강의 탐욕을 거대한 포신이 상징적으로 보여 준다. 주변 해변에는 공원이 있고 요새 아래에는 모로코인들의 정체성을 지키려는 전시관이 있다. 거대한 대포의 포신 밑으로 칸자를 연주하며 탕헤르의 문화를 이어 가고자 하는 외로운 연주자가 있고 아프리카 원주민을 닮은 얼굴이 조각된 그루터기도 전시되어 있다. 해안가에는 콘티넨탈 호텔이 있다. 하얀색의 콘티넨탈 호텔은 한눈에 봐도 모로코의 건축양식이 아니다. 이 호텔은 유럽 대륙에서 건너온 건축양식으로 지어진 가장 오래된 호텔로서 제국의 힘을 등에 업고 탕헤르의 지중해 해안 경관을 독점하고 있다. 지금도 이 호텔은 당당한 위용을 보이면서 해안을 압도한다.

메디나의 골목에서 모로코의 질긴 생명력을 목격한다. 열강의 침탈에도 모로코의 민중들은 생명을 이어 왔다. 메디나의 작은 가게들이 모여 집적의 효과를 노리고자 했으며 더 나아가 작은 가게들이 뭉쳐서 거대한 제국의 자본과 침탈을 견디어 냈다.

■ 알 하주이 요새와 콘티넨탈 호텔 　■ 알 하주이 요새 광장 공원

모로코는 유럽과 가깝다는 이유만으로 침략의 대상이 되었지만 질긴 생명력으로 살아남아 오늘에 이르고 있다. 그런데 이 땅은 베르베르인들의 땅이 아니던가? 땅은 그 자리에서 상대적으로 힘 있는 자들의 지배를 당하면서 존재하고 그 지배를 기억하면서 오늘을 내일로 이어 주고 있다.

메디나의 골목 여행은 지혜를 요한다

메디나는 골목이 주는 불편함과 앞길의 예측 불가능성으로 공포감이 매우 크다. 낯선 메디나의 골목 투어는 여행자의 담력을 시험하기에 적합하다. 하지만 무리한 여행을 절대로 삼가야 할 곳이 메디나의 골목 투어이다. 여행 안내자의 안내와 설명을 받으면 안전하고 유익하게 낯선 메디나를 체험할 수 있다. 메디나라는 공간은 여행자에게는 불공정한 곳이다. 그곳에서 생활하는 사람에게는 생존을 위한 삶터이지만 여행하는 사람에게는 불안전한 곳이다. 메디나를 여행하는 사람은 메디나에 관한 정보와 경험이 매우 부족하기 때문이다. 잠깐 다녀가는 여행자가 그곳 전부를 알 리가 없다. 메디나의 경험을 체화하고 몸이 기억하는 대로 움직이는 현지인과 같을 수가 없다. 이런 경우 메디나의 골목에서 겸손한 여행자가 될 필요가 있다. 현지인의 도움을 구하는 것이 지혜이다. 복잡하고 좁은 골목에서 여행자가 가질 수 있는 지리정보는 방향을 알려 주는 소박한 화살표 정도지만 거리감, 방향감, 방위감 등을 쉽게 상실하게 되는 메디나에서는 친절한 주민과 내비게이션에 의지하여 길을 찾아내는 수밖에 없다. 여행자는 메디나에 들어선 순간 이미 메디나의 포로가 되고 마는 것이다.

메디나의 여행자는 메디나의 골목 전체를 감지하지 못하고 주요 지점을 중심으로 파편적으로 이해한다. 골목 안에서 얻은 자신의 짧은 기억을 촉수 삼아 메디나의 공간을 더듬으며 걷는 격이다. 메디나를 여행할 때는 다시 돌아올 때를 위하여 골목길의 주요 장소나 건물 등을 기억해 둘 필요가 있다. 골목길의 건물들은 너무 유사하여 초행자를 혼란하게 한다. 영화 〈인디아나 존스〉처럼 스펙터클한 경험을 하고 싶다면 메디나가 최적의 장소일 수도 있다. 하지만 자신의 위험이나 생명을 담보로 하여 무모한 여행을 감행하는 것은 어리석은 행위이다. 메디나의 좁은 골목은 빨리 어두워지니 해가 지기 전에 서둘러서 메디나의 골목을 빠져 나오는 것이 현명한 여행일 것이다. 나의 발걸음은 현명하게도 골목의 소실점 끝으로 빠르게 향하고 있다.

■ 메디나의 골목

5장 ★ 세계로 열린 도시, 탕헤르

탕헤르의 프랑스 광장은 모더니즘 장소이다

탕헤르의 메디나 밖은 새로운 세계이다. 전통적인 느낌의 메디나와 달리 메디나의 밖은 상대적으로 근대적인 느낌이다. 메디나를 중심으로 안과 밖의 세계가 사뭇 다르다. 메디나를 모로코인들이 지배했다면 메디나의 밖은 세계열강들이 지배했다고 할 수 있다. 식민의 시대에 모로코인들은 메디나를 중심으로 자신들의 삶의 방식과 정체성을 유지하면서 살아왔다. 오래된 도시일수록 근대화라는 이름으로 새로운 생활방식이 도입되어 새로운 도시로 건설될 위기를 겪는다. 그러나 메디나의 내부는 아무리 서구열강이라도 개조하기가 쉽지 않았을 것이다. 메디나는 사람과 가게가 많고 복잡할 뿐 아니라 역사적 전통도 또한 깊어 주민들의 저항이 강했으며 메디나의 구조 또한 개발을 어렵게 하는 장애물이 너무 많았다. 차도가 없는 복잡한 골목은 이해관계가 얽혀 있는 사람들이 많아 사람들의 접근을 쉽게 허용하지 않는 구역이다. 서구열강들은 이런 메디나를 손대는 것보다 제국에 이익을 가져다주기 편리하고 쉽게 자기 맘대로 다룰 수 있는 메디나 바깥에 신도시를 건설하기로 하였다.

메디나 바깥에 건설된 신도시는 도로가 직교형이고 콘크리트 건축물이 많다. 자동차 교통에 편리하게 넓은 도로를 만들고 인도와 차도를 구분하여 도시를 건설하였다. 도로를 아스팔트나 콘크리트로 포장한 덕에 이동이 편리하여 사람과 물자가 빠르게 이동할 수 있다. 도로를 따라 다양한 상점들이 들어선 신도시는 한눈에 봐도 길이 좁고 구불구불한 메디나와 확연히 구별되었다.

탕헤르에서 메디나 밖의 대표적인 장소는 프랑스 광장이다. 프랑스 광장은 파스퇴르 거리Avenue Pasteur와 연결되어 있어 활기가 넘치는 곳이다. 그곳에는 그랑 카페 드 파리Grand Cafe de

■ 파스퇴르 거리

5장 ★ 세계로 열린 도시, 탕헤르

Paris, 테레사 드 파리스Terrasse des Paresseux 등의 카페가 있다. 이곳은 카페 이름처럼 게으른 자들의 천국이다. 거리에는 탕헤르의 많은 작가들이 드나들던 작은 서점들이 있고 주변에 프랑스 대사관이 있다. 이곳의 이름부터가 프랑스 광장이다. 제국의 흔적을 프랑스 광장이라는 이름 하나로 모두 말해 준다. 프랑스 광장에는 제국주의 열강의 상징인 네 개의 대포들이 지중해를 향하여 긴 포신을 드러내고 있다. 이곳에서는 대포의 포신 방향을 따라 시선을 맞추어 신시가지의 경관과 아름다운 지중해를 조망할 수 있다.

프랑스 광장Place de France에서 가장 인기가 있는 장소는 그랑 카페 드 파리이다. 파스퇴르 거리와 그랑 소코로 가는 모하메드 5세 거리가 만나는 사거리에 입지하고 있다. 그랑 카페의 간판은 흰 바탕에 녹색의 글자이다. 아마도 탕헤르가 이슬람 도시라는 점을 고려한 색감으로 보인다. 1층에는 카페가 있는데 외관이 화려하지는 않다. 카페 안에는 카페의 역사를 알려 주는 오래된 사진들이 벽에 걸려 있다. 카페는 커피와 차를 마시면서 대화를 나누는 사람들로 가득하였다. 카페 안의 목조 기둥과 적갈색의 소파, 유리를 깐 둥근 탁자, 둥근 의자 등은 1927년에 건축한 그랑 카페의 연륜과 격조를 보여 주기에 충분해 보인다. 이곳은 당대의 유명 문인들인 폴 보울즈Paul Bowles, 윌리엄 버로스William Burroughs 등이 찾던 곳이며, 탕헤르가 자유 도시라는 이름을 가졌을 때에는 프랑스, 영국, 독일, 스페인 등의 스파이들이 드나들던 곳이었다. 그랑 카페에서 사람들이 거리를 바라보고 앉아 있다. 진한 커피를 마시는 사람도 있고 그보다 더 격한 담배 한 모금을 입으로 뿜어대는 사람도 있다.

그랑 카페는 전통적인 도시 공간인 메디나와는 다른 개성이 있다. 신시가지에 자리하고 있으면서 전통적인 건축과도 다른 모습을 가지고 있다. 전통에 반하는 새로운 질서나 가치를 지향하는 모더니즘이 이곳에 반영되어 있는 것이다. 종교에서도 이슬람교와 그 신앙에서 벗어나 기독교와 그 문화에 중심을 두고 있다. 모로코에서는 개방적인 공간에서 남녀가 함께 차와 커피를 마시며 대화를 나누는 것이 이단적 문화로 취급된다. 그랑 카페는 모로코 입장에서는 비주류의 하위문화이지만 그것을 탐닉하는 사람들에게는 만족스러운 장소이다. 우리나라에서도 20세기 초 다방과 카페에서 모던 보이들이 일본에서 들어온 낯선 하위문화를 즐겼던 기억이 있다. 강한 힘을 가진 열강들이 들여온 불편한 문화, 그 문화를 경험하게 하는 장소인 그랑 카페는 모더니즘의 현주소라 할 수 있다.

나도 이곳에서 모로코식의 민트 차와 시나몬 향이 강한 카페오레를 마시면서 온몸으로 탕헤르 작가들의 기분을 느껴 보았다. 등과 허리를 의자의 등받이에 최대한 기대어 이곳의 과거 장면들을 머릿속에 그린다. 카페 안에 걸려 있는 문인들의 사

그랑 카페 드 파리
민트 차와 시나몬이 강한 카페오레

진을 보고 그들을 동일시하며 따라해 보기도 한다. 여전히 이곳은 흡연이 가능하다. 과거에도 지금처럼 폐부까지 깊은 담배를 빨아 대며 수다를 떨었을 것이다. 탕헤르의 지성들이 이곳에 모여 끽연을 즐기면서 세상 돌아가는 얘기, 문학 얘기, 때로는 공공연히 모로코 독립의 얘기 등을 나누었을 것이다. 모로코의 지성들은 강대국의 이익을 극대화하기 위하여 붙여진 아름답지만 슬픈 이름의 자유 도시 탕헤르에서 번민하였을 것이다. 때로는 고국 모로코의 독립을 위하여 몸을 던지지 못한 채 이곳에서 고상한 대화를 한 후 자괴감도 가졌을 것이다. 나약한 모던 보이라는 닉네임을 가지고서 한 발은 모로코를 지배하고 있는 프랑스에, 다른 한 발은 고국 모로코에 두고 살았을 것이다. 제국주의가 판을 치던 당시는 힘센 프랑스에 영혼을 팔고 문화사대주의를 갖출 수밖에 없는 환경이었을 것이다. 모던이 무엇인가에 대한 고민조차도 하지 못한 채로 이미 제국주의의 지배를 받았을 지도 모른다. 프랑스 광장의 그랑 카페는 제국주의에 마음을 저당 잡힌 모던 보이들이 한 잔의 커피로 자신을 위장할 수 있던 곳이다.

탕헤르 그랑 소코에서 독립을 선언하다

그랑 소코Grand Socco는 우리말로 큰 광장이라는 뜻이다. 이 광장은 프랑스 광장에서 해안가로 가는 길에, 그리고 그랑 호텔에서 모스크 앞의 시장을 지나면서 만날 수 있다. 광장의 경사면에 잔디가 깔려 있고, 키 큰 종려나무들이 줄지어 서 있다. 작은 계단으로 이루어진 공연장도 있다. 이곳은 메디나의 파스 문 Bab Fass으로 가는 입구에 있다. 광장 주변에는 작은 벤치들이 있어서 많은 사람들이 이 광장을 찾는다. 원형에 가까운 광장에 비둘기와 갈매기들이 섞여 하늘과 땅을 메우고 있다.

모로코는 그랑 소코에서 1947년 4월 9일에 독립을 선언하였다. 모로코인들이 이곳에 모여 모로코가 독립국가임을 스스로 외쳤다. 프랑스는 제2차 세계대전이 끝이 난 후에도 제국주의의 야욕을 포기하지 않았고 계속하여 모로코를 지배하려고 하였다. 1947년 독립선언 후 5년이 지난 1952년에 모로코는 프랑스로부터 독립하였다. 이곳 탕헤르는 제국주의 국가들이 이익의 극대화를 위하여 중립의 자유 도시로 설정해 둔 곳이어서 프랑스의 통제로부터 벗어난 공간이었고, 궁극적으로 서구열강의 제국주의에 맞서 독립을 선언하기 적합한 곳이었다. 모로코 국민들은 그랑 소코에 모여 탕헤르가 모로코의 땅이고 모로코가 독립국가임을 온 세계에 선언하였다. 그랑 소코는 탕헤르 메디나로 드나드는 곳이고 그 입구에는 사람들로 붐비는 시장이 있어 온 모로코 국민들이 한자리에 모이기 좋은 곳이었다. 그랑 소코의 키 큰 야자나무와 오래된 건물, 모스크와 성당, 메디나의 성벽 등이 그날의 독립선언을 기억하고 있을 것이다. 그런 점에서 그랑 소코는 프랑스 식민지에서 벗어나려는 모로코의 투쟁을 상징하는 광장이라 할 수 있다. 야자수 아래의 계단식 벤치에 앉아 그날의 모습을 떠올려 본다. 그랑 소코라는 지명은 1947년 4월 9일 광장Place du 9 April 1947으로 바뀌었으나 모로코의 독립은 지금도 진행 중이다.

그랑 소코 주변에는 영화관, 카페, 고급상가, 메디나 성문, 모스크, 가판대 등이 있다. 이곳에는 사람들이 다양한 목적으로 몰려든다. 그중에서도 문화의 소비자들을 위한 공간들이 눈에 띈다. 탕헤르 그랑 소코의 대표적인 문화 공간은 시네마 리프 Cinema Rif이다. 이곳은 카페와 영화를 즐기기에 좋은 장소로 탕헤르의 지성들과 젊은이들이 모여서 문화를 향유하는 곳이다. 영화를 보고 카페에서 삶을 논할 수 있다. 이곳에서 20세기 문인들이 담배를 입에 물고 글을 쓰던 시대도 있었다. 리프의 통로에 자리한 카페에서 커피 한 잔을 하고자 했지만 커피를 즐기기에는 인내심에 한계가 있었다. 아직도 모로코는 실내에서 담배를 피우는 데 아무런 문제가 없다. 길거리에서도 거리낌 없이 담배를 핀다. 그랑 소코 거리에서는 말보로 담배를 파는 잡상인을 흔하게 볼 수 있다. 이곳은 흡연자들의 천국이다.

■ 1947년 4월 9일 광장(그랑 소코 광장)

■ 시네마 리프

5장 ★ 세계로 열린 도시, 탕헤르

탕헤르에서 마티스를 만나다

그랑 호텔의 테라스에서 탕헤르의 풍경을 본 앙리 마티스 Henri Matisse, 키스 반 동겐Kees van Dongen, 폴 볼스Paul Bowles, 테네시 윌리엄스Tennessee Williams 등의 예술가들은 이 도시를 어떻게 표현했을까 궁금해졌다. 탕헤르의 예술가 중에서 가장 인상적인 인물은 마티스였다. 그는 탕헤르의 전경을 제일 잘 볼 수 있는 그랑 호텔에서 장기 투숙했던 화가였는데 그랑 호텔은 고객이었던 마티스를 상품화하여 마티스 바, 마티스 방을 만들어 놓았다.

그랑 호텔 매니저의 안내를 받아 호텔 2층에 위치한 마티스의 방에서 탕헤르 전경을 바라보았다. 그가 묵었던 방에는 소박한 침대가 있고 침대의 머리맡에는 그의 그림 석 점이 걸려 있다. 프랑스의 니스에서 보았던 그의 작품만큼 정열적이며 강렬한 색채는 아니었지만 그의 화풍을 느끼기에는 부족함이 없었다. 마티스의 방에서 그의 시선으로 본 탕헤르 전경은 여행자의 눈과 마음을 사로잡기에 충분하였다. 그는 프랑스 니스에서 지중해를 건너 북아프리카 탕헤르까지 와서 수많은 현상들을 목격했을 것이다. 화가 마티스는 예술가로서의 직관과 마음으로

마티스의 〈탕헤르만의 전경〉　(출처: www.wikiart.org)

마티스의 〈탕헤르의 창문〉　(출처: www.wikiart.org)

탕헤르의 경관을 절절하게 표현하였다.

　마티스는 지중해의 끝이자 새로운 시작인 탕헤르에서 무엇을 그리고자 했을까 잠시 상념에 잠겨 본다. 제국주의 국가들이 아프리카 착취를 극대화하기 위하여 상호 완충지대로 삼았던 탕헤르는 열강들로부터 형식적으로나마 자유로운 해방구였다. 제국주의 국가들에 의해 어울리지 않는 자유 도시가 되었지만 이베리아반도와 지중해 등을 오가는 세상의 뜨내기들이 자유롭게 이곳을 찾았다. 때론 소설가, 화가 등 예술가들이 저마다의 예술적 영감을 얻고자 이곳을 찾았다. 자신만을 위한 영감을 핑계로 자유 도시 탕헤르에서 일탈을 일삼는 자들도 있었다. 그랑 호텔과 아주 가까운 곳에서는 탕헤르에서의 자유를 핑계 삼아 영혼을 파괴하는 마약과 매춘 소굴도 있었다. 마티스도 자신이 묵던 그랑 호텔방에서 걸어서 5분 정도의 지근거리에 있는 이곳을 내려다보는 것만으로는 만족하지 못하고 드나들었다.

　19세기는 문학에서 이국 취향이 황금기를 이루던 시기였다. 낭만주의 작가들은 이국적인 영감의 원천을 쇄신하기 위해 동방여행에 관심을 가졌다(이순이, 2004, 263). 여기서 동방은 이슬람 문화가 지배하는 북아프리카, 서남아시아, 이집트 등을 의미한다. 이런 동방 여행의 유행은 화가들 사이에서도 일어났다. 화가 들라크루아Eugene Delacroix는 모로코에서 체험하는 문화를 문명의 부패한 영향으로부터 벗어나 자연 상태 그대로의 모습으로 파악하며 여행의 즐거움을 만끽(이순이, 270)하였다. 그가 탕헤르에 도착하여 비소에게 쓴 편지의 내용을 보자.

여기는 아름다움이 넘쳐흐른다. 요즘 유행하는 그림들이 하는 그런 종류의 아름다움은 아니다. 다비드와 그의 무리들 그림에 나오는 영웅들, 그 핑크빛 육체의 인물들은 이곳 태양의 아들 들에 견주어보면 처량하게만 보일 뿐이다. 오히려 고대의 의상 은 이곳 사람들에게서 더 잘 어울리는 것 같다.

― 뱅상 포마레드, 2001, 89,
이순이, 2004, 270-271에서 재인용

마티스를 포함하여 프랑스의 화가, 문학가 등 예술인들이 취한 태도는 좋게 보면 인류의 원형질을 찾아 모로코로 떠나는 행위일 것이다. 그러나 이를 비판적으로 보면 인상주의 작품이 식상해진 파리의 유한족들에게 원초적 본능을 자극하는 볼거리 를 제공하려 하는 의도도 있다. 그래서 그들은 예술이라는 이름 으로 탕헤르의 금지된 구역인 할렘으로 파고들어 원주민들에게 문화적 사디스트로서 군림하기도 했다.

마티스의 호텔방에는 창문이 두 개 있다. 하나의 창으로는 멀리 지중해를 바라볼 수 있다. 메디나 너머의 페니키아 무덤부 터 지중해 건너 스페인까지 보인다. 다른 창으로는 그랑 소코의

5장 ★ 세계로 열린 도시, 탕헤르

광장이 보이고 그 뒤로 탕헤르 항구 해변이 보인다. 호텔 방 안에서도 탕헤르라는 무대와 세상을 오가는 사람들을 바라볼 수 있다. 호텔방의 창문으로 보이는 풍경은 본능적으로 화가에게 그림을 그리도록 했을 것이다. 탕헤르 그랑 호텔의 언덕에서 보이는 지중해의 색감을 보는 것만으로도 예술적 영감은 충분해 보였다. 마티스는 호텔방 너머로 보이는 광장, 모스크, 메디나의 건물, 탕헤르 해변 등 보이는 것들을 그렸다. 메디나의 짙은 파란색, 지중해의 녹색과 파란 바다, 녹색 지붕 위로 보이는 모스크, 멀리 보이는 메디나의 하얀 건물과 황토색 치장, 회색인 듯 아닌 듯한 전통 옷 등 색의 대비가 무척 다채롭고 조화로웠다. 마티스의 그림에서 그가 경험한 탕헤르의 느낌을 짐작할 수 있다.

그랑 호텔의 마티스 방에서 탕헤르의 풍경을 눈에 담는다. 이곳에서 자리가 주는 의미를 생각한다. 마티스가 되어, 아니 지리학자가 되어 메디나와 그랑 소코 광장과 그랜드 모스크와 지중해 바다 너머 세계와 메디나의 좁은 골목을 머릿속에 새긴다. 이곳에서는 예술과 일탈과 여행이 하나의 큐브를 만들어 그 큐브가 지닌 하나의 면들을 각각 나누어 가지고 있다. 여행자는 그 큐브의 한 면을 감당하며 오늘도 여행을 감행한다.

5장 ★ 세계로 열린 도시, 탕헤르

■ 그랑 호텔의 마티스 방에서 본 탕헤르만 전경

탕헤르 메디나는 공시적 장소성을 지니고 있다

탕헤르는 2500년 전 카르타고인들의 손길을 받아 세워진
이래 지배자들이 자주 바뀌어 왔다. 탕헤르의 역사는 지중해의
제해권 교체의 역사이기도 했다. 로마제국, 반달족, 무슬림, 포
르투갈, 스페인, 잉글랜드, 프랑스 등 여러 세력이 이 도시에 흔
적을 남겼다(고종석, 2008, 73). 탕헤르에서 처음 만난 도로 표지
판은 아랍어와 프랑스어로 되어 있다. 프랑스어 표지판은 가장
최근에 탕헤르, 아니 모로코를 지배한 국가임을 말해 준다. 탕
헤르의 지배자가 바뀐 역사만큼 탕헤르에는 문화가 혼합되어
있다. 무슬림의 문화가 당연히 지배적인 문화이다. 그 이전에는
베르베르인들의 원주민 문화가 있었다. 아랍인들이 이집트에서
사하라 이북의 북아프리카인 이곳 마그레브까지 밀려와서 이슬
람 문화권을 만들었다. 근세에 들어서서 서구열강들이 앞다투
어 탕헤르를 지배해 왔고, 그 지배의 끝에 프랑스가 있었다. 모
로코는 1952년에 프랑스의 지배로부터 벗어났으나 프랑스의
문화는 탕헤르를 포함한 모로코 전역에 남아 있다. 프랑스 문화
는 지금도 모로코인들 삶의 곳곳에 스며들어 있다. 모로코를 떠
난 스페인도 탕헤르라는 이름으로 여전히 이곳에 살아 있다. 탕

헤르는 자유 도시라는 이름으로 중립적 위치를 보장받았으나 서구열강의 실질적인 지배로부터 벗어날 수는 없었다. 탕헤르에는 강자가 강제로 접목한 문화들이 이슬람과 베르베르 문화와 섞여서 살아가고 있다. 때문에 탕헤르에서 문화다양성을 토대로 한 문화의 혼종성hybridity을 쉽게 볼 수 있다.

탕헤르에는 메디나라는 공간이 있다. 이슬람교도 세력이 점유하면서 메디나는 자연스럽게 탕헤르 안에 자리 잡았다. 이슬람교도들이 오기 전에도 메디나가 위치한 언덕은 존재하였으나 이슬람교도들이 그 자리에 성을 쌓고 집을 짓고 카스바를 세웠다. 메디나는 공간을 점유하면서 그 실체를 세상에 가시적으로 드러냈다. 메디나를 거주지, 상업 지역, 종교 지역, 제조업지역 등으로 분화하고 분화를 통하여 역할과 기능을 나누어 가졌다. 이처럼 메디나는 물리적 대상 위에서 일정한 공간을 잡았다. 그곳의 인공 경관은 사람들이 살아가면서 이루어 낸 것이다. 사람들은 공간 안에 시간을 더하여 살아가면서 삶을 축적해 간다. 누대에 걸친 시간은 전통을 만들고 그 전통의 이름으로 메디나에서 살아가는 사람들을 사회화해 왔다. 메디나의 주민들은 메디나라는 공간의 축을 중심으로 살아간다. 전통을 토대로 형성된 생활양식을 다음세대에게 전수한다. 사람들은 공간에 시간을, 그리고 공간에 생활양식을 결합하여 메디나라는 장소를 창출하였다. 전통 문화를 몸에 체화한 사람들이 메디나를 공간이 아닌 장소로 만들었다. 그래서 탕헤르의 메디나는 공시적 장소성空時的 場所性을 가지고 있다고 할 수 있다.

탕헤르 여행을 마무리하다

탕헤르는 코르도바Córdoba 사람들이 개항을 한 후 이베리아반도, 페니키아, 로마, 이집트, 메카 등과 교류를 하고 있다. 그 교류와 연계의 세상을 알 이드리시는 세계지도로 표현하였고 이븐 바투타는 여행을 통해서 확인해 주었다. 이처럼 탕헤르는 네트워크의 원초적 기원을 가지고 있다. 세계로 열린 창이자 세계의 탐욕이 몰려드는 현장이었다. 탕헤르를 지배했던 자는 지중해의 서쪽 끝에서부터 시작하여 지중해 전역과 아프리카 남단으로 가는 대서양을 지배하였다. 그 지배의 전초기지는 항구였고, 항구와 항구를 이어 주는 항로를 개척하여 연계를 강화하였다. 지금도 탕헤르를 중심으로 모로코와 주변 지중해가 네트워크를 형성하고 있다. 탕헤르는 지중해 너머의 이베리아반도 안달루시아를 지배하던 무어인의 유전인자를 기억하고 있으며 『연금술사』의 산티아고처럼 사람들을 어딘가로 이어 주고 안내해 주는 기능을 한다.

탕헤르는 대서양과 지중해가, 그리고 아프리카와 유럽이 만나는 곳이다. 또한 아프리카의 끝이자 아프리카가 시작하는 곳이다. 탕헤르는 해양 문화와 대륙 문화, 베르베르의 원시 문화, 이슬람 문화와 근대 유럽 문화가 만나서 문화접변이 일어나고 문화의 혼종성이 강한 곳이다. 그리고 메디나의 좁은 골목과 근대도시가 함께 공존하는 도시이다. 탕헤르에서 길을 걸으며 탕헤르의 장소성을 읽고 경험한다. 타자의 시선으로 탕헤르를 목격한다. 그래도 용납이 가능하다. 난 자유로운 여행자이니까! 탕헤르를 여행한 후 탕헤르 빌Tánger Ville 기차역에서 알 보라크 Al Boraq 고속열차를 타고서 쏜살같이 도시를 떠난다. 오랫동안 가 보고 싶었던 도시 탕헤르를 직접 경험할 수 있어 다행이다. 탕헤르를 포함한 모로코를 마음에 담고서 여행을 마친다.

참고문헌

고종석, 2008, 『도시의 기억』, 개마고원.

김승연, 2018, 「거리의 정치, 모로코 고학력 실업들의 시위」, 『한국아프리카학회지』 53, 45-80.

김현주, 2018, 「북아프리카 모로코 이민자 정착문제와 무슬림에 대한 인식: 프랑스를 중심으로」, 『한국아프리카학회지』 55, 3-30.

남영우, 2010, 「이슬람 중세도시 페스의 도시경관 형성과정」, 『한국도시지리학회지』 13(2), 73-87.

뱅상 포마레드 외 3인, 임호경 역, 2001, 『들라크루아』, 창해.

손광호, 「이슬람 건축의 공간구성과 표현방법 연구」, Journal of Digital Interaction Design 6, 10-18.

송도영, 1999, 「이슬람 전통도시 공간의 사회문화적 해석: 모로코 페스의 사례」, 『한국문화인류학』 32(1), 23-79.

송도영, 2001, 「식민지화와 도시공간의 근대적 재편성: 이슬람 전통도시 페스의 경험」, 『한국문화인류학』 34(1), 59-87.

송도영, 2008, 「다문화 도시적 관점에서 본 지중해 이슬람 도시: 모로코 페스의 사례 연구」, 『지중해지역연구』 10(4), 59-83.

신애경, 이혁진, 2017, 「모로코의 문화와 종교경관의 이해」, 『한국사진지리학회지』 27(4), 27-40.

승효상, "지속 불가능한 사회의 생태적 회개", 『경향신문』, 2021. 6. 16, 25면.

심복기, 정낙원, 2004, 「이슬람의 카라반세라이(caravanserail)공간의 특성에 관한 연구」, 『한국실내디자인학회 논문집』 13(4), 156-163.

오길순, 2015, 「이드리시 세계지도의 모사와 분석」, 『韓國古地圖硏究』 7(2), 75-111.

이경한, 2022, 「탕헤르, 자유를 향한 도시」, 『국토』 483(1), 96-101.

이븐 바투타, 정수일 역, 2001, 『이븐 바투타 여행기1』, ㈜창작과비평사.

이븐 바투타, 정수일 역, 2001, 『이븐 바투타 여행기2』, ㈜창작과비평사.

이수원, 2009, 「지중해 문화권과 앙리 마티스」, 『불어문화권연구』 19, 100-127.

이순이, 2004, 「화가 들라크루아와 여행에 관하여」, 『프랑스문화연구』 9, 251-277.

이인자, 송선옥, 1997, 「북아프리카인의 민속의상에 관한 고찰: 튀니지아, 알제리아, 모로코를 중심으로」, 『생활문화·예술논집』 20, 13-30.

이혁진, 2021, 『세계지리와 문화: 지구촌 한바퀴』, 새로미.

파울로 코엘료, 최정수 역, 2019, 『연금술사』, 문학동네.

한국문화역사지리학회, 2020, 『여행기의 인문학2』, 푸른길.